我们一起解决问题

华为财务BP转型实战

饶明亮　著

人民邮电出版社

北　京

图书在版编目（CIP）数据

华为财务BP转型实战 / 饶明亮著. -- 北京 : 人民
邮电出版社，2024.5
ISBN 978-7-115-64208-0

Ⅰ．①华… Ⅱ．①饶… Ⅲ．①通信企业－企业管理－
财务管理－研究－深圳 Ⅳ．①F632.765.3

中国国家版本馆CIP数据核字(2024)第072538号

内 容 提 要

目前，业财融合已成为企业财务组织转型的必然方向，而财务BP作为财务与业务之间的桥梁，在财务组织转型中承担着重要角色。我国企业从传统财务向财务BP成功转型的较少，华为无疑是财务BP转型成功的典范。

本书作者在华为任职23年，从最初的职场"小白"到地区部/产品线CFO，亲历了华为IFS变革与财务BP转型，也实现了个人职业生涯的重大转型。本书采用沉浸式写法，通过阅前思考、场景代入、案例分析等介绍了华为财务BP转型实践的过程。全书内容聚焦财务BP转型方向、从核算到业财融合的财务组织重塑、业财融合的流程重塑及财务BP价值发挥等，系统介绍了企业如何从组织、流程、人才等方面构建财务BP运作体系，以及财务如何才能与业务结成合作伙伴，在战略规划、经营管理、业务运作等过程中发挥出财务的独特价值，助力企业发展。

本书适合所有企业中高层管理者、财务人员，以及对华为财经管理体系感兴趣的人士阅读，也可以作为相关机构智能财务、财务数字化、管理会计等课程的培训用书。

◆ 著　　饶明亮
　　责任编辑　付微微
　　责任印制　彭志环

◆ 人民邮电出版社出版发行　北京市丰台区成寿寺路 11 号
　　邮编 100164　电子邮件 315@ptpress.com.cn
　　网址 https://www.ptpress.com.cn
　　北京天宇星印刷厂印刷

◆ 开本：720×960　1/16
　　印张：14.5　　　　　　　　2024 年 5 月第 1 版
　　字数：197 千字　　　　　　2025 年 9 月北京第 9 次印刷

定　价：69.00 元

读者服务热线：（010）81055656　印装质量热线：（010）81055316
反盗版热线：（010）81055315

推荐序一

巴斯教授在会计学顶刊《会计评论》(*The Accounting Review*)撰文说,会计专业是一个需要博学的专业,到 2036 年,会计学术和实务将融为一体,执业会计师的明智决策将更加依赖于专家学者发掘的信息和相关知识。目前,大数据、人工智能等新一代信息技术给会计行业带来了重大挑战,会计职能已从传统的算账、记账、核账、报账向价值管理、资本运营、战略决策辅助等职能持续转型升级。我国《会计改革与发展"十四五"规划纲要》指出,要大力推动会计职能拓展,助力提升宏观治理能力和微观管理水平。因此,会计理论和实务工作者比过去任何时候都更需要提升自己的专业水平、创新能力和综合素质,更新或迭代自己的知识库。

在企业数字化转型和会计转型(从以核算为重点向资源整合、决策支持和价值管理转变)背景下,业财深度融合已经成为财务组织转型的必然方向。为了满足企业对业务管理的更高需求,赋能企业价值创造,财务 BP 岗位应运而生,并成为实践中"财务三支柱"(财务专业能力中心、业务财务伙伴、共享中心)体系的重要组成部分,不少头部企业的财务 BP 占财务人员的总数超过了 60%。但目前,我国财务 BP 的发展尚处于初级阶段,介绍和探讨这方面的文章和图书还不多，财务 BP 是什么、干什么、怎么干，财务 BP 的内涵、岗位职责、能力框架等还没有统一的标准和答案，需要进一步探索。

华为是我国高科技企业的一面旗帜，其财务管理已达到行业领先水平。华为 CFO 孟晚舟在"2017 年新年致辞"中提道："华为财经已融入公司所有业务活动之中……财经组织从'非常落后'走向'比较落后'，又从'比较落后'走到了'有点先进'。"在早期，华为财经对业务的支撑比较弱，主要是提供数据和财务分析，IFS（integrated financial service，集成财务服务）和 CFO 组织构建后，财务成为业务的合作伙伴，从后端逐渐参与到了业务前端以及交付的全流程，CFO 作为 CEO 在经营和风险管理方面的伙伴，扮演"作战参谋"的角色，需要和 CEO 一起对经营结果负责。在组织上，华为构建财务 BP（华为的各级 CFO 组织），成为业务组织的一个组成部分。各级 CFO 由上级 CFO 和 CEO 双向管理，财务角色由原来的旁观者、监督者转变为业务的合作伙伴，与 CEO 同舟共济，目标一致。CFO 兼具合作伙伴和监督者两个角色，财务监督侧重于建立、完善和规范执行流程。在流程上，IFS 变革打通业财融合，赋予财务由以前的后端服务到介入业务前端及过程管理的权利和义务。区域（代表处、地区部）CFO 一般有三个角色：业务决策团队成员、合同决策团队成员、行政管理团队成员，CFO 全面参与业务决策及行政管理。在能力要求上，以前要求财务人员具有核算能力和分析能力，现在更强调"懂业务，懂战略，善沟通"，沟通由内部沟通走向外部，包括客户、供应商、银行、税务机关、审计单位等，尤其强调与客户的沟通能力。

对标管理是一种行之有效的管理方法，以最佳实践为基准持续改善，超越自己，追求卓越，是许多后发企业取得成功的重要因素。华为从2万元起步，一步一步积累，逐渐发展为国际化大公司，华为财经的发展历程及变革经验可以为不同发展阶段的企业提供对标和借鉴。

饶明亮先生在华为财经工作二十多年，有着丰富的财务BP经验，是资深财务BP专家，近年来还多次为高校会计专业硕士生授课，受到师生们的一致好评。他也长期受聘于北京/上海/厦门国家会计学院，为企业财务总监提供财务实战培训，积累了大量与业界企业的沟通、交流经验。饶老师撰写的这本《华为财务BP转型实战》，通过其亲身经历和深入思考，系统介绍了华为财务BP的实践过程。该书的写作方式独树一帜，作者采用沉浸式写法，通过阅前思考（提出问题）、场景代入（通过情景、案例介绍和分析，让读者全身心投入场景中，仿佛置身其中）来分享华为财务BP实践经验，通过拓展思考等互动来引导读者升华自己的知识，获得更好的阅读效果。总体来说，这本书不仅是对华为经验的总结，更是对未来财务BP发展的探索和思考。

开卷有益！希望所有关注企业财务BP转型的读者都能从这本书中获得启示和能量，丰富自己的财务BP知识，提升自己的专业水平，增长自己的学问（明朝思想家王阳明认为，知识是死的东西，而学问是在心中得到印证和体悟的知识）。

是为序。

林 斌

中山大学教授、博导

广东省管理会计师协会会长

推荐序二

英伟达公司（NVIDIA）创始人黄仁勋先生说过一句话："企业的主要管理层，要么在融资，要么在创收，要么在省钱。"看到这句话，有的企业管理层会觉得，我们都是做业务的，分别负责产品研发、营销或者战略管理，为什么还要去管和钱相关的事情？这些不是财务在管吗？其实，这是他们的个人意识问题，企业是市场经济的一个基本经济单元，不管是价值创造、评价还是分配，都离不开钱！

财务管的钱从哪里来？钱总不能从天上掉下来吧！它不就是通过股权债权融资、价值创造获取毛利、降本增效提高利润、合理安排现金流等获取来的吗！从服务华为 17 年的高管再到如今的自主创业，我对这一点的感受越来越深。当然，经营意识不是只有管理层才需要，财务人员同样需要。如今，华为财务不叫财务，而叫财经，其经历了从财务部到财经管理部，再到财经管理体系三次变迁。财经，顾名思义，可以简单地理解为财务与经营的结合；而体系，说明其已经与业务体系合而为一了。其内在逻辑就是财务人员要转型成为业务伙伴，要参与经营。

站在企业的角度，产品研发、营销等业务部门其实都是经营的角色，只是分工不同。它们都为了完成企业的经营目标而力出一孔，共同努力。而财务，则用财务语言体现了经营目标和过程背后的财务意义。正如本书所讲，财务 BP 成为经营者的商业伙伴，从战略分解，目标制定、过程管理到实现评价，都有概算、预算、核算、决算深度参与其中。

举个实际的例子，我们作为一家人工智能企业，研究了微软和 OpenAI 的商业模式，发现这是一个非常高明的合作架构，其既满足了各方利益诉求，又能推动技术和行业生态快速发展。这里面一定有非常厉害的财经专家的参与。现在双方合作的产物——GPT，其成本曲线下降得比摩尔定律还快，当 AI 成本趋近于零时，社会还会发生深刻的变革。如果 OpenAI 管理层只懂业务，是不可能和微软在这条生态合作之路上走这么快、这么远的。因此，财务 BP 要打开视野，站在行业及战略的高度和经营者一起参与企业经营。

作为一名长期工作在 ICT（信息通信技术）科技行业一线的管理者和创业者，处于今天这个时点，我清晰地感受到信息化、数字化、智能化必将进一步为财务带来深刻的变化，赋能其成为更好的财务 BP。用华为的话来描述就是，在企业经营这个瞬息万变的战场上，财务 BP 用科技手段更好地帮助业务发现目标、计算炮火、指挥炮火、击中目标。不管是让子弹飞一会儿，还是先放两炮看看反应，再到饱和攻击，都离不开财务 BP。用什么炮火、用多大火力、让听得见炮声的人来指挥炮火，就是好的投入产出型的经营思维。

本书作者在刚加入华为时的第一份工作是手工录入报销凭证。如今，很多凭证已经是原生的数字凭证，作为数字凭证直接流通，无须人工录入，这比前几年的 OCR（光学字符识别）扫描又进步了，数电票（数字化的电子发票）也极大地简化了财务发票管理流程。以前财务还要根据报销单据来手动生成财务凭证，如今这项工作也可以由 AI 自动生成，接下来就是智能开票、智能生成财务报表、智能输出经营策略、智能生成财报的千人千面解读等，这些都会在不久的将来陆续实现并应用于财务的日常工作中，从而极大提高财务 BP 的效率和生产力，为企业降本增效、增收提质。以上这些，正是我们的愿景，其会让企业经营更简单。

如同我们当年在华为的成长一样，在新的科技浪潮和"走出去"战略下，中国会有更多优秀的企业成长起来，这些企业需要更多的"懂业务、懂财务、懂 AI"的财务 BP，相信未来总会更好的！

杨 蜀

华为原副总裁

深圳标普云科技有限公司总裁

前　言

二十三年，蓦然回首，时光如流！

人的一生也许坎坎坷坷，但紧要处往往就在关键的几步。也许是幸运之神的眷顾，一个偶然的面试机会，让我进入华为任职。感恩！感恩！

感恩华为！让我接触到业界领先的财务管理体系。

感恩华为！让我有机会与公司共同成长。二十多年，我亲身经历了华为财务①从"最落后"起步，一步一个脚印，走过公司管理变革的"万里长征"；亲身体验了从成功到失败，再到成功的酸甜苦辣。（刚进华为的那几年，常听老员工说任正非批评财务最落后，落后到拖了业务的后腿。）

感恩华为！让我从一个初入职场的财务"小白"，一步一步走到今

---

① 华为内部现在把财务叫财经，但为了与业界统一语言，本书除引用华为的文件、领导讲话及华为明确的定义外，以下统称财务。

天，成为一名可以站上讲台，与众多企业高管、财务专家分享财务经验的讲师。

我研究生毕业于20世纪90年代，当时我认为自己算是高学历了，应该在重要岗位任职，但进了华为我发现，学士、硕士、博士都不再是"士"，所有文凭一概"清零"。于是，我作为一名财务列兵，从装订凭证开始了自己的职业生涯。手握打孔机、穿针线，我忍不住自嘲："估计我奶奶都会比我干得好。"后来我才想清楚，奶奶虽然穿针引线比我强，但她老人家却不可能思考凭证按什么排序、按什么索引装订，以及票据的粘贴有什么讲究。两周后，我开始帮会计录入费用报销凭证，这是一个不用任何专业，主要讲求细心和键盘效率的工作。然而，就是这么简单的财务入门工作，我居然出错了——我"不小心"在10万元付款数据后面多敲了一个零。仅仅一个"零"而已，就差点导致公司多付出90万元的真金白银，更要命的是，后面几层审核都没有发现，最后多亏出纳的那双"火眼金睛"，在付款环节发现了错误，否则真不知道我是否一入职场就会被打入"十八层地狱"。

即使过了许多年，这件事还是会时不时出现在我脑海中，让我不断反思。起初，我反思自己缺乏责任心和工作态度不严谨；后来，反思报销流程不够信息化、数字化、智能化。科学的报销流程是，员工在填写报销申请单并经主管审核后，其自动流入财务系统，自动生成付款指令、会计科目和报告。财务数字化讲求"一点录入，多点调用"，为什么还需要财务再做一次数据"搬砖"呢？责任心再强，输入100单不出错，那输入1 000单、10 000单呢？如何完善流程，如何通过信息化、数字化、智能化提升财务效率和质量，才是一名合格财务人员应该思考的问题。

事无大小，有"心"才行。财务人员不仅要会算数，更要会思考，思考如何在规范服务的过程中提升服务质量和效率，加强对业务的服务与监督。

我在华为财务岗位任职二十多年，从出纳、账务核算、预算、经营分析、审计、内控岗位，到代表处/子公司财务主管、地区部财务主管、产品线财务主管等财务综合管理岗位，足迹遍布 60 多个国家。我见过懂九国语言的前台文员，以及出身富豪之家却勤勤恳恳在华为工作的基层财务；游过欧洲美丽的乡村，也去过华为在非洲山里和农村的基站；遇到过党和国家领导人来华为代表处视察，而禁不住那份自豪与惊喜，也见过某国政府与反政府军的空中交火，而忍不住那份惊恐与不安。

这二十多年，我最大的收获是亲身经历了华为大大小小的财务与业务变革。只有经历过"万里长征"的人，才懂得华为财务体系发展到今天是多么不容易。在我经历的华为财务与业务变革中，让我印象最深的是财务会计向财务BP转型的演进。在写这篇文章时，我还抬头看到了书柜上的那本"将军的摇篮"纪念册，从而触动了我的思绪，让我回想到当年参加华为CFO训战班的情景。我正是通过参加华为CFO训战班（当年我们自诩为"黄埔N期"）开启了财务会计向财务BP的转型之旅，而后续的十多年中，我也充分体会到了与业务共舞的艰辛与快乐。

从财务到财经，这是华为财务的重大转型，也是本人职业生涯的重大转型。关于"财务"和"财经"的区别，我曾听任总说过，有经济活动的地方就需要有财务管理。华为财务部门早期叫财务部，后来改为财经管理部，再后来改为财经体系。经过一系列的变革，华为财务确确实实从之前"不食人间烟火"的"象牙塔"中走了出来，深入到业务各部门、各流程，财务人员不再是之前的旁观者、评价者及"事后诸葛亮"，而是与业务结成了合作伙伴，与业务一起"冲锋陷阵"，创造价值。华为财务自此从任总眼中的"最落后"到"相对落后"再到"业界领先"。

在我卸下财务管理岗位工作的瞬间，我回头望了望身后的办公大楼和园区，突然感觉到前所未有的轻松。但片刻的轻松之后，我感到了彷徨和迷茫。二十多年伴随华为财务成长的经历和经验积累，就这样让它在脑海中逐渐被淡忘吗？彷徨之际，我突然想起任总对华为高管们说过的一句话："百战归来再读书！"作战、总结、读书、再总结，哪怕对业界同人、对业界财务发展有那么一点点的启发和贡献，那也值了！于是，我萌发了写书的初衷，同时引发了我职业生涯的二次转型。

华为经验如何与财务同行现状相结合？这是摆在我面前的一个难题。为突破自身的局限而实现职业转型，我转身成为一名企业管理培训讲师。一方面，通过培训能把二十多年来财务实践的点点滴滴逐渐梳理成体系；另一方面，有了跟各行各业、大大小小企业的财务人员及高管的沟通、交流和调研机会，以求给出的财务解决方案切合实际。几年来，我有幸为上百个企业几千名财务总监及董事长/CEO和业务高管授课，通过跟他们面对面地近距离交流，进一步了解了当今企业的财务管理现状，基于此，我才敢于提笔写这本书。经过近一年的整理、思考、埋头苦写，本书终于浮出"水面"，交付到读者的手中。

财务 BP 转型，为什么要转型？一个传统的职业，一个有着悠久历史，做得"顺风顺水"的职业，为什么突然要转型？过去财务人员曾被称为"账房先生"，如今华为 CFO 孟晚舟却说："账房先生，绝不再是我们的形象代言。"

很多人多年从事财务工作，逐渐从一个青涩的财务新人变成经验丰富的财务"老"人，他们兢兢业业，资金和账务都没出过差错，税务方面也没出过问题，因此自认为工作做得不错，但蓦然回首却发现，那些曾经跟自己一起进入公司的研发人员、市场人员，一个个都比自己升迁更快，级别和工资也更高。这时，或许有些人会自我安慰说："企业本就是这样吧，天下是靠业务打下来的。"也有人会抱怨当年高考选错了志愿，或者抱怨自己入错行了，但要知道，在华为，许多业务骨干还想转财务呢！

当我们在公司已经熬成"驼着背，戴着老花镜"的财务"元老"时，也许会突然发现，公司重大业务决策很少征求财务的意见，顶多问问财务有没有钱，财务总监即使勉强进了领导班子，也是排名靠后的；日常工作中，好像总是研发、销售等业务领导在与 CEO 讨论公司的业务规划与方向，财务负责人说话似乎没什么分量……这时，我们该作何感想？一个财务组织中，如果大部分人天天只是忙于数据、表格处理，作为财务负责人，就算 CFO/ 财务总监个人能力再强，也无法带领整个财务团队站上高峰。就像一个人个子再高，总立于谷底，也无法跟站在山腰、站在山顶上的人比高度！

我国约有 2 000 多万名财务人员，他们大部分都在从事着规范性、重复性的账务核算及财务报表编制之类的工作，而随着数字化时代的来临，这些工作大部分都将被程序、人工智能所替代。在传统财务会计面临职业危机的同时，很多公司正在高薪聘请懂业务、懂管理的 CFO 及高级财务 BP 人员。

　　——如果你已经是企业基层财务人员，你是否了解财务 BP 的价值贡献，以及财务 BP 与传统财务会计的工作有哪些区别？

　　——如果你已经是企业中高层财务主管或专家，你是否了解如何从组织、流程、人才等方面去构建企业的财务 BP 运作体系，以及财务如何才能与业务结成合作伙伴，在战略规划、经营管理、业务运作等过程中发挥出财务的独特价值？

　　——如果你是一家企业的董事长、总经理或业务高管，你是否了解财务除了负责资金收付、账务核算、出具财务报表及跑银行、跑税务等工作，还可以有更多的价值贡献？你是否知道对于客户来说，财务解决方案与产品解决方案、服务解决方案同样重要？

　　如今，客户往往希望供应商提供的是综合解决方案，而不仅仅是产品、服务等单一解决方案。市场呼唤财务从幕后走向台前，与业务共舞。而如何通过财务 BP 转型打破"部门墙"，快速构建和提升财务的组织能力，真正实现业财融合，助力企业发展，是业界普遍关心的问题，也是本书重点要讲的内容。

　　本书主要侧重于财务 BP 转型实战而非理论研讨，目的是为企业财务组织及人员转型提供借鉴和指引。根据美国学者埃德加·戴尔（Edgar Dale）提出的"学习金字塔"理论，单纯阅读所带来的"知识留存率"大致只有 10%，而通过实践，"知识留存率"可以达到 75%。为提升读者在本书阅读后的实战运用效果，本书在每章开头都设置了"阅前思考"模块，建议读者先思考这些问题，然后带着问题去阅读；在每章结尾设置了"拓展思考"模块，以帮助读者阅后延伸思考，带着"作业"去实践。

　　财务 BP 涉及面广，鉴于篇幅限制，本书难以面面俱到。子曰："道听而涂说，德之弃也。"本着严谨的态度，同时本着对读者负责的态度，未经亲身实践和验证的领域，我不敢妄言，因此本书内容主要聚焦于本人亲身实践与经历过的财务领域。

当然，仁者见仁，智者见智，希望本书能为你的财务 BP 转型之路提供参考，让你的转型之路走得更加顺畅、更加快捷！

饶明亮

2024 年 2 月 1 日于深圳

目　录

第1章　财务 BP 转型方向

财务 BP 转型不只是从核算到经营分析那么简单，财务 BP 应该更进一步走出财务，作为商务人士与客户、供应商、银行、税务等建立合作关系，在与客户、供应商做生意的过程中，提供并落实财务解决方案。

第2章 从核算到业财融合的财务组织重塑

业财融合，组织必须先融合。很多企业一线设置了财务部门，但依然感叹不能真正与业务融合。华为贴近业务的财务组织设计，使财务深入业务"前沿阵地"，同时，通过"财务三支柱"的职能分工与运作协同，以及与业务的组织关系设计，很好地解决了财务运作效率及财务对业务的合作与监督的矛盾平衡问题。

第3章 IFS 变革，解决业财融合的难题

IFS 变革"八年磨一剑"，号称华为管理变革的"万里长征"。该变革"全方位""全流程"端到端打通了业财融合的"任督二脉"，为财务参与业务过程创造条件。IFS 变革使流程顺畅，全流程数据、信息对财务透明可视，解决了财务参与业务过程的主要问题和障碍。

第4章　业财融合的流程重塑及财务 BP 价值发挥

本章选择了几个典型的业务流程，详细介绍相应流程如何通过变革实现业财融合。CFO 一手"抓经营"，一手"控风险"，财务 BP 在典型流程场景中，要从这两个视角切入业务活动，在业务过程中发挥价值。

第5章　构建良好的财务环境

构建良好的财务环境，关键要让各级 CEO、业务主管懂财务、懂经营，使他们建立财务思维，做出理性决策，这是华为成功的核心点之一。一个优秀的财务 BP 必须懂得如何推动和帮助业务主管经营管理转身，以达成经营管理目标。

第6章 **财务 BP 人才能力转型**

　　构建业财融合组织的核心是"人"，财务 BP 转型，在人才能力方面有较高的要求。本章基于 CGMA 管理会计能力框架，分析了当前财务 BP 转型普遍遇到的挑战，同时总结了财务 BP 转型的能力需求趋势与突破，以及快速构建财务"懂业务"的组织能力的方法。

第7章 **从述职看财务 BP 的工作规划**

　　述职背后体现的是述职者对工作的总结和规划能力。本章介绍了财务 BP 如何跳出狭隘的会计视角，从经营视角对工作做出规划和总结，以及分析了述职报告的常见问题与注意事项。

01

第 1 章

财务 BP 转型方向

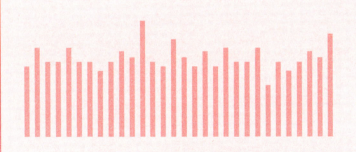

财务 BP 转型不只是从核算到经营分析那么简单，财务 BP 应该更进一步走出财务，作为商务人士与客户、供应商、银行、税务等建立合作关系，在与客户、供应商做生意的过程中，提供并落实财务解决方案。

💡 **阅前思考**

你所在的公司财务当前碰到的最大的问题或困境是什么？

历史的车轮滚滚向前，从不以人的意志为转移。拐角处，总有一些人被淘汰出局，但也有一些人选择换一种方式继续前行，从而看到了新的希望。

财务行业作为一个古老而历史悠久的行业，它让人习惯，也让人麻木。如今，财务这趟列车已经行驶到历史的拐角处，我们总担心那些没做好准备的人会被无情地甩下列车。

1.1　财务不要沦为"温水里的青蛙"

曾经很长一段时间，财务人员在企业中的实际地位是非常高的，因为他们掌握着别人掌握不到的信息（财务数据信息），通常我们把这种现象叫作信息垄断。很多中小企业经营者不敢轻易让财务人员离职、怕财务人员离职，这也是很重要的原因之一。而华为在 IFS（integrated financial service，集成财务服务）变革即将成功闭幕之际，财务人员却突然面临前所未有的压力和挑战，因为公司管理层提出，财务数据再保护财务两年，两年后向业务开放。这就迫使财务人员必须在两年内尽快提升能力，迎接挑战，同时这也意味着财务靠数据、信息垄断获取地位的时代已经过去了。

当一个职业、一个岗位失去支撑其存在的核心价值时，我们就需要重新思考并找到其新的价值突破点，否则该职业和岗位就会被逐渐边缘化。

在财务 BP 转型课堂上，我发现很多学员都有一个疑问：会计是一个很传统的职业，多少年来不是做得挺好的吗？企业管理者也没说不满意，为什么现在突然要转型了？

这让我想起了一件事情。我曾在华为公司某国家代表处（子公司）担任财务主管，当时地区部（代表处的上一层组织）对代表处财务主管进行考评时，会征求代表处代表（大部分情况下也是子公司总经理）的意见。其中有一位代表对他所负责的代表处的财务主管评价很高，反馈意见为"很满意！这位财务主管很不错，工作态度非常好，不仅管了财务，连行政的一些工作也做了"。半年后，地区部对代表处财务主管再次进行考评，出乎意料的是，这次在征求上述代表意见时，该代表给同一位财务主管的工作满意度打分却在地区部最低，最终导致该财务主管被调离代表处财务管理的核心岗位。该代表的反馈意见为"很不满意！周边代表处做了很多财务工作，我们代表处的财务工作很多都没有开展起来"。

时隔半年，相较于上一次考评，这位代表针对同一位财务主管给出的工作考评意见之所以有如此大的不同，由"很满意"变成了"很不满意"，主要原因在于，上一次考评时该代表才刚上任不久，其对财务岗位的职能还没有太多认识，也不太了解财务应该如何发挥价值，但经过一段时间的学习以及对代表处财务工作的了解，其对财务岗位的职能有了更多的认识。

以上类似的现象在业界普遍存在。我经常与一些企业的 CEO（首席执行官）、业务高管交流，当问及他们对财务有什么需求时，听到最多的一句回答就是"说实在的，我对财务并不了解"。正因为"不了解"，导致很多 CEO、业务高管，一方面，觉得财务的价值贡献不够；另一方面，又不知道该如何对财务提要求。基于对传统财务职能的认知，一些企业的财务在企业中的地位能勉强维持"平衡"，但随着经济的发展，企业自我管理水平的快速提升，传统财务若还在原地踏步，不寻求转型，会出现什么结果呢？结果很可能会出现上述情况，企业负责人对财务工作由"很满意"变成"很不满意"！

如果你是一名财务总监，你认为企业负责人对你的工作很满意，那么请问：作为财务总监，你在企业的地位有多高；作为财务总监，在企业负责人的心目中，你与市场总监、研发总监的分量孰轻孰重？也许你会觉得，你所带领的财务部门与研发、生产、市场销售等部门相比，地位和贡献确实要差一点，但财务工作本来就不能与研发、生产、市场销售相比，产品是研发部门研究设计出来的、是生产部门制造出来的、是市场销售部门卖出去的，财务部门只是作为业务价值链的支撑角色存在，因此不比也罢！

上海国家会计学院的郭永清教授在其著作《管理会计实践》中指出，在我国大多数企业中，财务部门本身是弱势部门，财务总监（总会计师）的生存环境并不理想，即使进入企业高级管理层，往往排名也比较靠后。而在欧美企业中，首席财务官往往是企业公认的二把手、三把手。

随着财务信息垄断优势被打破，计算和记账技能逐渐被计算机替代，传统财务的价值将会进一步被削弱。"不比也罢"，那是不思进取的思维，是弱者的思维。就像温水里的青蛙，意识不到水温在逐渐升高，直到水温高到一定程度时，它想跳却再也跳不起来了。

我们在悲叹温水里的青蛙时，不妨低头想想，我们很多财务人员不正面临着这种处境吗？

下面让我们从华为公司首席财务官孟晚舟"2017 年新年致辞"中感受一下她对华为财务人的期望：

> 传统的财务服务，早已不再是我们孜孜以求的目标。那个驼着背、弯着腰、端着水杯、戴着老花镜的账房先生，绝不再是我们的形象代言。

孟晚舟散文式的致辞，洋溢着新年的快乐和希望。但何去何从，却又给予华为财务人深深的思考和无形的压力。

1.2 冰火两重天，财务的"危"与"机"

财务的"危"

郭永清教授在《管理会计实践》中提出，当前以账务处理为核心的会计师工作，是否有为企业创造价值呢？当然有，但是，这些工作的价值显然不高。如果以会计人员在企业中的薪资和奖金水平来对工作的价值进行排序，当前绝大多数会计人员的薪资和奖金只能排在企业所有员工的中位数或者较之略高的水平上，这显然与我们认为的会计人员应该是企业的核心人员存在着差距。

薪资低一点，只是现实与理想有差距，还不会威胁到财务人员的"生存"，但财务环境的变化，将会威胁到很多财务人员的"生存"，一些传统会计岗位的人员在不久的将来可能会面临失业或者被迫改行。

以下是一个财务总监培训班的上课场景：

老师问："请问在你们公司的财务工作中，核算大约占多少比例？"

学员答："大部分财务人员都在做核算工作吧！"

老师问："大部分是多少？说出大致的比例即可，不用准确的。"

大部分学员表示核算占财务工作量的 70% ~ 80%。

老师再问："你们公司做经营分析的财务人员，有多少时间在做表格、数据处理工作？"

学员答："大约 80% 的时间用来做数据收集、加工和处理工作。"

老师说："这样看来，如果把核算、经营分析等岗位处理数据的时间加在一起，大部分公司在基础核算、数据加工方面的投入占到了财务总体工作量的 80% 以上。"

学员们点点头，表示认可。

老师再问："如果将来业财信息化打通，数字化及人工智能应用到票据审核、账务处理、对账、数据分析等方面，你们认为还需要这么多账务核算人员吗？表格、数据处理还需要占用这么多时间吗？"

学员们一片静默，陷入了沉思。

老师继续说："企业运作效率要不断提升，财务效率怎么提升？这是在座的各位财务总监要去思考，而且要不断思考的问题。华为公司每年都要求财务部门'相对减人'（相对于产出比例而言），以提升工作效率。那么，你们负责的财务组织，计划如何提升工作效率呢？我们千万不能简单地认为让员工多加班加点就可以达到这个目标，因为人的体力和精力都是有限的。财务工作效率的提升，应该依靠信息化、数字化、智能化，以及财务组织重构、流程重构、财务人员能力的转型与提升。

2018 年，某科技集团公司的负责人表示，'在五年内，我们公司应该有 80% 的工作人员会被机器人替代，即使五年做不到，十年也可以做到。'结果如何呢？该公司在 2019 年裁减掉了 16% 的员工（大部分是生产线上的工人），如果从 2012 年开始算，该集团公司的员工人数在 2012 年约有 120 万名，到 2019 年约有 67 万名，大约裁减了 44% 的员工。

一些同学可能会想，该集团公司裁减的大部分人员是生产线上的工人，财务跟生产线的岗位工作性质是不一样的。那么请问：人工智能时代什么性质的岗位最容易被 AI 所替代？首当其冲的就是重复性、规范性、逻辑性强的工作岗位。大家想一想，财务是不是有很多岗位都具有这些特征？不仅是基础核算岗位，在一些人眼中看似'高大上'的财务分析岗位，也具有这些特征。在企业中，一个具体财务岗位碰到的财务分析模型一般只有一二十种，区区这一二十种模型，完全可以固化到软件包中。数字化做好了，点个按钮，企业需要的报表、数据和信息也就有了，而原本占财务工作量 80% 的财务分析工作大部分可以被 AI 所替代。"

老师讲到这里，在场的很多学员都惊出一身冷汗！未来的出路在哪里？

其实，财务人员也不用着急，"危机，危机"，有"危"就有"机"，"危"与"机"往往是一个硬币的正反两面。

财务的"机"

我国有 2 000 多万名会计人员，平均每 70 个人中就有一个会计，这是一个庞大的会计群体，而且各大高校也在开足马力不断培养会计人才。记得我当年考研时，会计是非常热门的专业，因为热门，所以周边的医学院、农学院等也都开设了会计专业。从表面上看，我国看似不缺会计，但根据 2021 年的一项统计，在我国人才最短缺的 100 个职业中，会计是其中之一。因此可以看出，我国会计人员虽多，但能融入企业管理的会计师并不多见，会计已进入结构性供给缺口时代。

如今在会计领域，财务 BP 成了"香饽饽"，这也指明了财务突围与转型的方向。那么，财务 BP 到底是干什么的？从图 1-1 的招聘广告示例中，我们可以大致了解市场对财务 BP 的需求。

通过图 1-1 中的两则招聘广告，我们可以看出当前业界对财务 BP 的诉求主要聚焦在预算管理（广告中提到的预测、监控、业绩管理等也在预算管理流程中）和风险管理的财务风险与合规风险管理上。

预算与财务风险、合规风险管理是财务与业务融合的重要抓手，这些工作让账务核算往业财融合的方向迈进了一大步，但还不能真正体现财务 BP 的全部职能。

招聘广告1：财务BP Leader
（团队领导者）

1.招聘要求
　　具有大学本科及以上学历，10年以上工作经验
2.岗位职责
　　（1）根据事业部业务发展的需求，建立预算、预测模型
　　（2）负责事业部的年度预算及月度滚动预测的编制、监控和分析工作
　　（3）协助业务进行预算管理
　　（4）对业务方案进行风险评估，建立业务和财务数据跟踪体系
　　（5）提供增值服务，避免财务风险，提高经营效率
　　（6）做好与集团财务其他团队的沟通与协调工作

招聘广告2：财务BP总监

1.招聘要求
　　具有大学本科及以上学历，10年以上工作经验
2.岗位职责
　　作为公司财务BP团队负责人，带领团队为各业务线提供财务支持，统筹业绩管理，包括但不限于：
　　（1）根据公司整体发展战略和业务发展规划，负责各业务线（产品/研发/生产/销售/售后）财务模型搭建、年度预算和月度滚动预测工作
　　（2）负责公司整体及各业务线业绩管理工作，持续跟进执行情况，并提出合理化建议，帮助业务将优化措施落地
　　（3）基于业务发展的需要，提供财务专业方面的支持，确保业务策略及方案落地
　　（4）深入业务，帮助业务部门发现业务执行中的风险，避免合规风险，提高经营效率
　　（5）负责与业绩管理相关的系统化及数字化建设工作

图 1-1　财务 BP 招聘广告示例

　　财务 BP 转型，在职能上，需要构建财务专业能力，作为财务各专业线（包括账务、税务、资金、投资、融资、回款、定价、内控与风险、经营管理、流程管理等）在业务作战一线的代表与业务全方位融合；在服务对象上，财务 BP 需要从经营责任中心下沉到最小作战单元，即不仅是坐在"听得见炮声的指挥所里"，更要把"炮弹和粮食"送到"战壕"里，在"战壕"里"滚一身泥巴"，熟悉"战场"的每一个角落，与业务一起在"战壕"里讨论与执行"作战方案"。

1.3　财务 BP 画像

下面我们用一组图来形象地说明财务职业形象的演进，如图 1-2 所示。

图 1-2　财务职业形象的演进

当朋友问你从事什么职业，你说"会计"时，朋友也许会说："噢，账房先生！"如图 1-2 中的第 1 幅图片，这是以往会计在人们心目中的普遍形象。但正如孟晚舟女士说过的，"账房先生，绝不再是我们的形象代言"。

当我们走进公司财务办公室时，看到坐着的诸位财务人员，他们的形象是否与图 1-2 中的第 2 组图片类似？这一形象与账房先生有什么区别吗？账房先生是一只手打算盘，这些财务人员则是两只手敲击键盘，即把算盘变成了键盘。他们的工作还只是停留在数据的录入与整理上，干着和账房先生同样的工作，只是算盘的计算被计算机替代了而已。

另外，第 2 组图下面的那幅图片，体现的是一个埋头审核单据的会计形象，就像我们在财务办公室里经常看到的财务人员忙于审核费用报销单据、开具发票等时的样子。这类工作繁杂而辛苦，且占据了企业大量的财务资源。试问，这种日复一日规范性、重复性的工作是否很容易被 AI 替代呢？

再看图 1-2 中的第 3 组图片，财务人员从敲击键盘以及诸如票据审核的繁杂工作中解放出来，生产报表和财务数据的工作由相关系统程序和 AI 所替代，财务核算人员转变为读数据、看报表的财务分析人员，这是财务 BP 转型的重大突破。

当前业界很多人认为，财务分析将是未来财务最主要的职能，但我从华为财务 BP 转型实践中感受到，财务的价值并非止步于财务分析，财务 BP 已经是与业务共同奋斗、一起解决问题、共同创造价值的一个群体。华为公司中甚至没有一个叫财务分析的岗位，分析只是一种技能，是大部分财务岗位，如预算、项目财务、资金管理、税务管理等岗位人员都必须掌握的技能。真正优秀的财务 BP，还必须在业务价值流中，与业务一起去设计和执行解决方案，共同解决问题。因此，财务 BP 应该走出财务，作为商务人士与客户、供应商、银行、税务等建立合作关系，在与客户、供应商做生意的过程中为其提供财务解决方案。在客户界面，财务解决方案与产品解决方案、交付解决方案、商法解决方案等一同构成客户需要的综合解决方案，其价值不低于其他的解决方案。

第 4 幅图代表 CFO 晋升为 CEO。麦肯锡的一项调查显示，在英国和美国的企业中，有五分之一的 CEO 曾经担任过 CFO。英国《财务总监》杂志曾做过一项调查，表明在财富 100 强企业中，有 20% 的 CEO 担任过 CFO。我国企业财务的成熟度偏低，但也开始显现出 CFO 升任 CEO/ 董事长的趋势，如郁亮（万科集团公司董事会主席、CEO）、张勇（阿里巴巴集团公司董事会主席、CEO）、孙洁（携程旅行网 CEO）、许冉（京东 CEO）等，这些企业领导者都有过 CFO 的从业经历。

1.4　从幕后到台前的价值整合与决策支撑

财务 BP 转型应从"交易、控制与反映"向"价值整合、决策支持 / 决策参与"方向演进，图 1-3 分别从数据和交易处理、控制、财务报告、决策支撑四个方面展示了财务 BP 转型演进的变化关系。

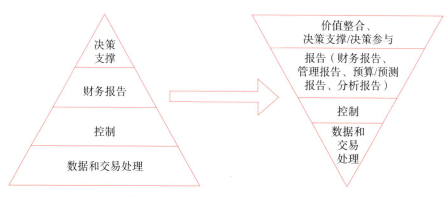

图 1-3　财务 BP 转型演进的变化关系

图 1-3 中左边正三角形是当前企业财务价值的反映，占用资源最多的是三角形最底层部分的"数据和交易处理"，然后从下往上是控制、财务报告及决

策支撑，企业所投入的资源逐步递减；图中右边倒三角形是未来企业财务价值的反映，从下往上投入的资源逐步递增。

1. 数据和交易处理

随着数字化、智能化时代的到来，以及以流程化、标准化为特征的信息化逐渐成熟，财务工作将从"数据和交易处理"领域解放大量的人员。这些人员将来能去干什么呢？其中一部分人知识老化，他们不转型、不学习，跟不上时代前进的步伐，很可能会被无情地淘汰出局。

数据和交易处理等操作性岗位将逐渐被程序、软件、AI 所替代，但数据 / 财务规则分场景的解读与应用，以及报告架构、数据规则的系统设计等工作却需要大量的财务骨干和专家，数据架构师、数据科学家将会成为抢手的"香饽饽"。华为公司是国内最早构建账务共享中心的企业，共享中心的构建与运作至今已有 20 多年的历史，在财务数字化、智能化方面走在行业前列。即使这样，华为公司依然需要大量财务、报告及数据架构方面的专家。

还有一部分从数据和交易处理中解放出来的财务人员，他们将往图 1-3 右侧倒三角模型中的控制，报告，价值整合、决策支撑 / 决策参与方面转型。

2. 控制

传统的财务控制，往往强调独立的管控和检查，如审核报销凭证，审单会计经常会说"这个票据不合格""那个签字有问题"，然后把报销单据退回报销人员，要求其补齐资料、重走流程，这就是强调财务的独立性；再如审计检查等，相关财务岗位更是独立于业务存在的"第三只眼睛"。

未来的财务控制将是嵌入业务，与业务相融合。在财务控制中，好的内控在管控风险的同时，不仅不会降低业务的运作效率，反而能促进业务的发展，提高业务的运作效率，同时节约成本。华为创始人任正非在华为内控建设初期，曾用红绿灯来比喻内控。他表示，在道路上设置红绿灯不只是为减少交通事故，更是为了通过规范、有序的管理，促进交通的运行效率。试想，现在各大城市的道路上如果没有红绿灯，交通势必会很混乱，车辆根本就无法行驶。华为公司早期的内控是为了控制（风险）而控制，现在的内控除了控制风险，更多是为了控制成本、提升效益。业务的成功是内控成功的标志，华为将内控加入流程管理之后，经营风险大幅降低，而且流程得到了简化，业务运作效率有了明显提升。

3. 报告（财务报告、管理报告、预算 / 预测报告、分析报告）

许多人津津乐道于财务的三张报表，即资产负债表、利润表、现金流量表。这三张报表也是财务报告（以下简称财报）的重要组成部分。我曾问过学员以下两个问题。

问题一：你们公司究竟有多少人需要看公司的三张财务报表？

三张财务报表产生的初衷主要是为满足企业外部相关方（投资者、银行、税务与工商部门等）的需求，而企业内部人员，即使一些管理者对企业的财务报表也不是非看不可。尤其是在大中型企业，这类企业分工很细，各司其职，中基层管理者关心的只是自己管理的"一亩三分地"，对于企业整体的财务报表，他们似乎并不关心，因为跟他们的关系（考核、激励、升迁等）不大，他们最想看到的是自己所负责的那块业务的经营结果。这些企业的管理者更需要细分出管理维度和管理单元，能够反映其经营业绩和支撑决策的报告，这就是我们所说的管理报告（以下简称管报）。

下面是我刚在华为任职时的一段经历：

我当年刚进华为时，在华为的一家子公司做财务工作，当时的核算和报告主要聚焦三大财务报表。入职的第二年，我主管财务分析工作。有一次，领导火急火燎地安排我一个任务，分析该子公司其中一个产品（A 产品）的盈利情况。后来我才知道，安排我做这个分析的原因是领导们感觉这个产品不赚钱，想卖掉，但该产品线在当时是一个大产品线，因此决策必须慎重，该产品是否真的不赚钱，不能只凭市场和领导们的感觉，决策需要有财务数据的支撑。但问题是，当时系统出具的财务报告主要聚焦于子公司对外的三张报表，而子公司经营的产品众多（一级产品就有九个，二三级产品有几十个），没有人能讲清楚每个产品的盈利情况。为了完成上级安排的任务，我只好采用"人拉肩扛"的方式，一个一个部门、一个一个项目地进行手工统计，再加上运用一些分析方法，经过大约两个多月的努力，终于编制出分产品盈利报告，其中 A 产品的盈利情况还不错。最终，该产品线不但没有被卖掉，几个月后，产品线员工还集体涨薪。后来，该子公司总裁感叹说："因为财务之前不能支撑业务，导致我们差点把盈利这么好的一个产品线卖掉，同时导致我们差点把一个人均利润最高的产品线外包。"

那么，这个事件说明了什么问题呢？说明企业对外的三大财务报表已经无法满足企业经营管理和决策的需求。因为缺乏管报核算体系的支撑，财务做不出分产品的财务报告，支撑不了企业分产品的决策。即使当年我们采用"人拉肩扛"的方式，勉强出具了相应的财务分析报告，但报告出具时间长、效率低，也势必会影响业务决策效率和效果。这也让我真正理解了任正非曾批评财务的一句话："财务最落后，落后到拖了业务的后腿。"

业务需求往往是财务进步的催化剂，华为从此开启了产品化核算历程，核算体系也迈出了由财报向管报演进的第一步。

相较于财报，管报增加了维度、颗粒度的划分，因此管报很可能是财报数量的几倍甚至是几十倍，但即便如此，企业也可以通过管理核算和报告系统设计，使管报自动生成。现在华为公司每个月基本会出具 1 万多份管报，而且月度报告 3 天出初稿，5 天出终稿。这些管报支撑了华为公司及各责任中心的经营管理与决策的需求。

问题二：你们炒股看不看财报？

财报是财务的重要"产品"之一，但很多财务总监却说他们炒股不看或者较少看财报。三张财务报表一般会把企业所有的经营活动结果都反映其中，因此财报的产生可算是一个管理"奇迹"，其是企业管理工具的重大突破，对企业管理、经营决策、企业价值分析和判断具有巨大贡献。关于财报对股票投资的价值，不在本书的重点讨论范围之列，但很多财务总监炒股不看或较少看财报，却反映了当前三张财务报表另一方面的局限性。

随着现代企业环境日益复杂及快速决策的需求，财报的局限性愈加凸显。财报反映的是昨天和今天，但管理者、投资者更想知道的是明天将会怎样。就如同天气，我们都想知道明天的天气如何，明早的太阳是否会和昨天、今天一样冉冉升起，还是会突然变天下起瓢泼大雨。作为财务人员，应该告诉管理者和投资者"明天出门是否应该带雨伞和雨衣"。企业经营就像开车，看后视镜虽然很重要，但司机开车时只需在必要的情况下瞄一眼后视镜，更多的注意力还是要集中在前面的道路与方向上。因此，财报必须从描述昨天和今天向描述未来演进。

企业经营的方向盘掌握在 CEO 手中，仪表盘和导航指引却是掌握在财务手中。财务必须打开前灯、打开仪表盘、打开导航，财务不仅需要看清未来，还需要有能力规划未来。预算 / 预测报告及财务战略规划报告将成为财务 BP 的重要管理抓手。

综上所述，支撑财务 BP 转型的基础是财报的管理演进，财报需要从传统的三张财务报表向管报、预算 / 预测报告、分析报告演进。

4. 价值整合、决策支撑 / 决策参与

参加财务 BP 转型培训的学员常常会抱怨同一件事，即企业缺乏对业务管理的报告支撑，财务人员大部分时间都耗在应付业务各式各样报告需求的整理和加工上，没有时间做更有价值的财务管理工作。而财务人员只有从大量的交易处理、数据处理、报告生成等重复性工作中解脱出来，才能将更多的时间和精力投入企业各种经济活动的价值实现中。

财务是企业经济活动的汇聚点，相较于其他部门，财务部门拥有大量的数据和信息，这让其具有价值整合的独特优势。例如，市场部门虽然掌握了客户的基本信息，但对相关成本等缺乏了解；生产部门了解产品及服务成本，但未

必能掌握税务成本以及市场情况、汇率、融资等相关信息。

如果财务仅局限于业务支撑，充其量只能算是个良好的助手。欧美企业的 CFO 一般是企业各级组织的二把手、三把手，CFO 扮演决策者这一重要角色。华为 CFO 管理体系参考了 IBM，其代表处 / 地区部 CFO 在合同决策中不仅具有表决权，而且比其他副代表 / 副总裁还多一项权力，即上升决策权（如果代表处 CFO 不同意某个合同的签署，即使代表处代表同意也不能签，必须上升到上一层合同决策团队做出决策）。CFO 参与决策，敢不敢决策，决策质量如何，体现的不只是 CFO 的个人能力，更体现了整个财务组织的能力，因为后期执行需要整个财务组织的参与。

1.5　三次脱胎换骨，从"最落后"到"行业领先"

如今，华为财务已经蜕变成了一只翩翩起舞的凤凰。世人皆晓凤凰展翅，靓丽多姿，但凤凰涅槃之痛，又有几人知晓。更何况华为财务原本并非凤凰，甚至可以说是一只"乌鸡"。在我刚进入华为公司时，任正非曾批评财务说："财务最落后，落后到拖了业务的后腿！"最落后的结果就是，财务人员工资低、奖金低、股票分得少（仅相较于华为业务部门而言）。因为最落后，所以待遇低，这是毫无疑问的。

那么，华为财务走过了怎样的历程才脱胎换骨，从"乌鸡"变"凤凰"呢？

回顾历史，华为财务主要经历过以下三次脱胎换骨。

第一次脱胎换骨，换的是凤凰的基因：财务从记账员向专业财务演进。

20 世纪 90 年代中后期，华为公司招聘财务人员就瞄准了各财经院校的研究生。在那个年代，会计类研究生稀缺，但华为还是将诸多会计类研究生招聘进了公司，所以，才会看到我在本书前言中描述的自己作为一名研究生却在干装订凭证、录入凭证等工作的"奇怪"现象。

也许有人会说，为什么非要招高学历会计人才呢？基础的财务处理工作不需要高学历的人才来做。关于这个问题，任正非的思考与很多企业负责人是不一样的，他认为，高学历人才虽然成本高，但从基层一步一步往上历练，将来企业能从中选拔出一批"能打硬仗的将军"。在别的企业以低质员工替代高质员工，从中节省一点人力成本时，华为却在考虑未来的"仗"该怎么打，未来的"将军"从哪里来。

有了凤凰的基因，能否成为凤凰，还有待引导和磨炼。现在华为财务部门大部分中高层财务主管，正是那时候引进的研究生和优秀的本科生，这些人员虽然工作经验不足，但素质高、学习能力强，尤其是有强烈的成功欲望，他们不但敢打敢拼，而且爱打爱拼，为华为财务的蜕变打下了坚实的基础。

第二次脱胎换骨，换的是凤凰的骨架：财务自练内功、健壮骨架、夯实基础。

当年这些学生兵勇气十足、干劲十足，但随着工作的深入会发现，他们在学校里学到的只是财务的基础知识和基本技能，学校财务会计专业安排的各种演练大都是针对如何正确记账的，并没有告诉他们应该如何构建财务组织、财务流程、财务系统，也没有说明如何才能快速出具财务报表等。于是，1998 年，华为聘请毕马威（KPMG）做顾问，由 KPMG 帮助华为构建财务"四统一"（统一制度、统一流程、统一编码、统一监控）体系以及组建账务共享中心。这两"招"使华为的财务核算效率大幅提升，月度报告出具时间由之前的 18 天缩短到后来的 5 天（5 天出终稿，初稿 3 天就可以出具）。

我把这个阶段总结为财务自练内功、夯实基础阶段。如果没有练就"深厚"的内功，后续更高段位的业财融合、财务 BP 转型就没有基础，很难成功。当前一些企业在学习华为财务 BP 转型的过程中都会遇到一个问题，财务 BP 获取不到支撑业务决策的报告。如果连报告的基础都没有，不打好"地基"，怎么能建立起业财融合的高楼大厦呢？

华为财务的第二次脱胎换骨，使财务工作取得了很大进步，用任正非的话说，财务由"最落后"进步到了"相对落后"。不过，相对落后依然是落后。

第三次脱胎换骨，换的是支撑凤凰高飞的肌肉：IFS 变革、业财融合、财务 BP 转型。

IFS 变革打通了业财融合的"任督二脉"，使财务能够融入业务，在业务主流程中发挥价值。

在 IFS 变革打通业财融合的基础上，华为又继续开展数字化变革，数据作为企业的"血液"，使"肌肉"结实，充满力量。数字化进一步提升了财务效率，更加快速、精准地支撑业务运营和决策。

（IFS 变革是本书的重点内容，将贯穿本书始终，后续章节会从组织、流程、人才能力转型与突破，以及财务在业务主流程中的价值发挥等方面详细展开介绍。）

华为财务经过以上三次脱胎换骨，实现了"乌鸡变凤凰，与业务共舞"。在客户价值创造过程中，财务已经由后台走向前台，与业务一起创造价值。

本章小结

孟晚舟在 2017 年新年致辞中用"却顾所来径，苍苍横翠微"来形容那些沉甸甸的回忆和满满当当的收获。华为的 IFS 变革，就像任正非曾经说的："这是华为管理上的'万里长征'，伴随着公司走过'长征'的人，都有无限的感慨，更有无比的自豪。""我们的财务已经达到行业领先水平……有成功经验的优秀专家和干部正在大规模成长，但不能就此满足。"

华为财务经过以上几次变革，已经从"最落后"到"相对落后"再到行业领先。但前进的道路上不会铺满鲜花，华为财务依旧要在流程化、职业化的道路上披荆斩棘，继续前行。

🔆 拓展思考

你个人或者你所在的财务组织，在财务 BP 转型方面都做了哪些准备？财务 BP 转型方向是否正确？是否能达到财务 BP 转型要求？碰到了哪些困难或障碍？

02

第 2 章
从核算到业财融合的财务组织重塑

业财融合，组织必须先融合。很多企业一线设置了财务部门，但依然感叹不能真正与业务融合。华为贴近业务的财务组织设计，使财务深入业务"前沿阵地"，同时，通过"财务三支柱"的职能分工与运作协同，以及与业务的组织关系设计，很好地解决了财务运作效率及财务对业务的合作与监督的矛盾平衡问题。

阅前思考

　　你所在公司的财务组织设计和财务 BP 配置，是否能够快速响应业务需求及支撑业务决策？

　　三十多年来，华为一直致力于组织、流程的变革，绝非某一次、某一个项目变革就能一蹴而就的。回顾华为财务组织变革，可以将其分为三个阶段：

　　阶段一，财务管理职能的探索与争议；

　　阶段二，构建贴近业务的财务 BP 组织；

　　阶段三，从财务总监到 CFO 的角色转换及责权演进。

2.1　阶段一，财务管理职能的探索与争议

　　企业财务的初始职能是从核算开始的，核算是传统财务会计最基本也是最核心的职能。核算做不好，财务就失去了根基，预算、概算等财务管理都离不开核算。但正如孟晚舟所说："那个驼着背、弯着腰、端着水杯、戴着老花镜的账房先生，绝不再是我们的形象代言。"随着会计信息化、数字化、智能化的发展，未来基础核算的大部分工作将被信息技术、AI 所替代，财务工作的重心将由财务核算向财务管理演进，如从应收账款核算到应收账款管理，从费用核算到费用管理等。任正非曾说："有经济活动的地方就必须有财务管理。"

因此，自 20 世纪 90 年代末起，华为财务便迈开了从财务核算到财务管理转型探索的步伐。

财务核算与财务管理在财务组织内部的职能划分与协作问题相对容易解决，但因为"部门墙"的存在，财务与业务组织之间的职能界限与分工协作却往往存在争议与分歧。我们不要想当然地认为某某职能就一定属于财务职能，必须由财务管，或者某某职能一定不属于财务职能，不应该由财务管。

下面是一个真实的培训场景：

场景： 业财融合，财务 BP 转型培训。

培训对象： 企业财务总监。

以下是培训老师与学员的互动问答。

老师问："有学员曾问我经营管理是否应该由财务部门牵头负责，我问问大家，你们所在的公司，经营管理由哪个部门牵头负责？"

有学员抢答："经营管理是企业一把手（总经理）的职责，当然应该由一把手负责。"

老师环视一周，问："大家都认为经营管理应该由一把手亲自负责吗？"

学员答："是的。"（大约有 80% 的学员举手表示同意。）

见学员们回答得如此肯定，老师微微一笑，风趣地说："你们说得对，但我认为'经营管理应该由一把手负责'这句话是正确的废话。"

"正确的废话？"学员们一脸疑惑地看着老师。

老师也感觉到了学员们的疑惑，于是接着说："经营管理确实是一把手的职责，所以，你们说得都对。但除了经营管理，还有内控管理、风险管理等，请问这里哪一项不是一把手的职责？"

　　老师故意再问："员工的日常吃喝是不是一把手的职责？"

　　一些学员小声嘀咕起来："这也归一把手管吗？"

　　老师接着说："任正非就曾表示，华为代表处员工的日常吃喝，代表（当地一把手）需要管，甚至连卫生间的厕纸没了，代表也得管。可以想象，如果员工吃不好、住不好，甚至连厕纸都没了，小则抱怨，影响士气，大则天天闹着要回家，一线还谈什么战斗力？但让我们想象一个场景：厕纸没了，员工跑去问代表应该怎么办？估计代表会当场'晕倒'。

　　这里的'管'，体现的是责任，并不等于都必须由一把手亲自操刀。经营管理确实是一把手的责任，但一把手可以授权副总具体来'管'。请问，找谁合适？财务副总是否合适？"

　　某位学员举手说："老师，我认为财务副总不合适。"

　　老师问："为什么？年度预算、经营分析不都是财务在做吗？"

　　学员答："财务可以做预算、做经营分析，但经营问题很多都发生在业务前端，有时候一个合同签下来就注定存在风险（有亏损的可能），这时财务也只能通过后期分析来发现和揭露问题。"

　　老师说："你说到问题的根本了。但合同为什么存在风险（亏损）？有没有合同售前风险解决方案？财务为什么只能在业务后端，而不能在前端发现问题并提前做好经营管控与风险防范呢？"

　　老师接着说："另外，很多公司的财务分析往往局限于财务报表、会计科目的分析，不能深入业务。分析也只是针对个案，具体问题具体分析，不能做到'心中一盘棋，经营作战指哪打哪'。经营分析工作的开展，让财务在传统核算职能上前进了一步，但指望通过分析就能解决问题，则远远做不到。财务 BP 转型，需要财务人员成为业务的战略合作伙伴，有能力参与作战，最终有能力把控经营全局，进行作战指挥。"

这时学员们对老师的话感到很惊讶，暗想：我们津津乐道、引以为豪的经营分析，还只是经营作战的支撑工具。经营作战指挥，这事要交给财务部门负责，我们能行吗？

老师看出了学员们的担忧，于是继续讲："大家不用担心忧虑，罗马不是一天建成的，我们必须先要有这种转型的意识。目标虽远，但只要方向正确，一步一个脚印，总有一天可以达成。"

老师接着分享了一个实例：华为地区部／代表处经营管理小组的任命。

2010 年前后，华为主抓经营改善，各地区部／代表处都成立了经营管理小组，该小组有三种不同的组织结构：

第一种，CFO 任组长，地区部总裁（以下简称地总）／代表处代表任 Sponsor（赞助人），在必要时听取重要汇报并给予必要的支持；

第二种，地总／代表亲自担任小组组长，CFO 任第一副组长；

第三种，地总／代表任组长，CFO 任副组长，但属于排名靠后的副组长。

在这三种经营管理小组的构成中，CFO 在第一种组织结构中的分量最重，能全面主导所在组织的经营管理；CFO 在第二种组织结构中的分量次之，虽然能全面主导经营管理，但还得扯着"一把手"这面"大旗"，时常需要一把手坐镇；CFO 在第三种组织结构中的分量偏弱，当时有人认为，排名靠后的副组长往往形同虚设，他们只是日常听听汇报，做一些支撑工作而已。

那么，为什么集团不做统一部署，给出一个小组"任命模板"，让地区部 / 代表处"填空"即可？原因在于，当时区域 CFO 组织刚成立不久，组织成熟度参差不齐，地区部 / 代表处的 CFO 个人能力、经验差异较大。所以，小组任命由区域根据情况自行决定。几年后，随着区域 CFO 的快速成长，如代表处 CFO，其职责明确定义为"CFO 协助代表处 CEO 展开代表处的整体经营管理工作"，即 CFO 必须对经营结果负责。

财务职能转型，有一种情形"变"比"不变"的危害性更大，那就是"走得太急"，因为有时"走得太急容易摔跤"。有些人，一谈转型便热血沸腾，想要尽快把一些自认为应该属于或者不属于财务的职能划入或者划出财务部门，但若财务部门或相关组织的能力、组织成熟度不够，或者环境尚未成熟，在操之过急的情况下，效果可能会适得其反。

管理不是非黑即白，非此即彼，关键要看是否选择了对的时间、对的场合。

除了财务职能模块，大家对一些具体的工作事项，也经常存在歧义。例如，有些学员会问"合同管理是否应该由财务部门负责"等。

组织职能及其归属，常常存在以下两种情况。

其一，明确定义。这往往出现在有明确的职能及组织设计参考的情况下，如税务管理职能。

其二，是"打"出来的。企业处于混沌期时，许多组织职能往往不是定义出来的，而是"打"出来的。谁"打"下这块地盘，这块地盘就由谁来管理，边"打"边看，逐渐清晰、逐渐明确。这种模式往往适合快速成长、流程定义尚未成熟的企业。我在培训时常常建议学员，当一些职能尚无法明确界定组织管理归属时，需要以积极心态应对，先把地盘打下来，再去讨论地盘该怎么分配，不要因为无休止地争论地盘的归属问题而贻误战机。

财务组织职能的归属，往往需要结合财务组织能力、财务组织及流程的成熟度、CFO 在组织中的权威 / 能力和经验、职责的独立性、职能开展的便利性、当前阶段要解决的主要矛盾和管理问题等进行综合考量。

2.2 阶段二，构建贴近业务的财务 BP 组织

理解财务组织构建，需要先理解企业组织构建战略。

文化是企业的土壤和根基，除了引导企业员工的行为，同时还牵引着企业的组织 / 流程设计。

"以客户为中心，以奋斗者为本"是华为的文化精髓。通过对华为进行深入研究，我们可以发现华为的组织 / 流程设计的核心导向便是"以客户为中心"。华为的组织、流程为成就客户而存在，通过成就客户而获得成功。

华为组织建设、流程建设的目标一直非常明确，就是朝向客户需求建设流程化组织，三十多年未曾动摇。

那么，华为建立了什么样的流程化组织呢？

首先，关于先有流程还是先有组织之辩。华为明确组织是为业务流程服务的，须基于流程需要设立相关的组织，而不能因人设岗、因人创造组织。因此，华为是沿着主业务流（如产品开发流、合同获取及合同执行流）来构建企业的组织及管理系统的。

其次，组织必须贴近客户。组织的龙头必须建在"听得见炮声"的前沿，而不像在传统组织，由远离战场的"司令部"来发号施令。华为著名的"铁三角"（客户经理、解决方案专家、交付专家）就是典型的贴近客户的前沿组织。任正非曾提出：

> "最贴近客户的组织理解了真正的客户需求之后，应该成为企业的最高指挥机构，就像'龙头'一样，不断摆动；企业的内部组织应该是为了满足客户需求而设立的流程化组织，如同'龙身'一样，要随着龙头的摆动来满足客户需求。"

那么，谁是龙头？任正非曾表示，华为要形成以市场营销为龙头的组织体系，内部组织通过 IPD（集成产品开发）、ISC（集成供应链）等管理体系相互关联保持相对稳定，龙头摆动时，其他关节也相对摆动。

"龙头理论"很形象地概括了华为的流程和组织特点，明确了以市场为龙头拉动后端相关体系的运作方式。

后续华为提出的"眼镜蛇"作战阵型，在"龙头理论"的基础上又做出了进一步明确，组织从以功能部门为中心向以项目为中心的运作方式转变。华为监事会主席郭平曾提道：

> "我们把公司未来的管理体系比喻为眼镜蛇：头部可以灵活转动，一旦发现觅食或进攻对象，整个身体的行动十分敏捷，可以前后左右甚至垂直发起攻击，而发达的骨骼系统则环环相扣，转动灵活，确保在发起进攻时能为头部提供强大的支撑。眼镜蛇的头部就像我们业务前端的项目经营，而其灵活运转、为捕捉机会提供支撑的骨骼系统，则正如我们的管理支撑体系，这就是公司未来管理体系的基本架构。"

综上所述，我们可以清晰地看出华为组织构建的战略逻辑：沿着主业务流构建组织，并以市场一线为"龙头"，以"眼镜蛇"（项目）为单元，通过"蛇头"发起攻击，拉动"骨骼系统"（后端管理体系）运作。后端的管理体系为"蛇头"提供强大的支撑。

中国企业组织阵型大多脱胎于军队组织，即司令指挥军长，军长指挥师长，采用层层往下命令传达的模式。这种组织模式，一线主要是执行角色，只有很少的决策权。这种阵型的优势体现在大兵团作战的组织调动和协同上，缺点是层层汇报，流程效率低，而且最了解客户需求的一线人员的主观能动性得不到发挥。

华为组织变革是一场支撑"班长的战争"，即把权力下放到"听得见炮声的地方"，从而使"作战"效率大幅提升。这在很大程度上解决了大企业流程长、效率低的问题。

理解了华为的组织构建战略，我们就比较容易理解其财务组织重构的原因和逻辑了。

首先，财务 BP 组织沿主业务流构建，支撑业务运作，如构建区域财务、产品线财务、供应链财务等财务 BP 组织。

传统财务组织大多是集团管控型。这种组织模型比较适合中小企业的运作，但随着业务规模的增长，产品、客户、区域的跨度加大，传统财务组织与"龙头"的距离会越来越远。遥控指挥以及集团统一的、标准的财务解决方案，已经满足不了业务运作多样化及快速决策的需求。财务组织必须融入业务主流程，深入到"听得见炮声"的一线战场和指挥所里面去。华为 IFS 变革不仅仅是流程的变革，财务组织也做了相应的调整。IFS 变革项目其中一个平台变革子模块的目标便是"三年基本建成 CFO 管理体系"。

任正非曾表示，华为正逐渐匹配产业、区域、功能组织、系统部、项目及客户群建立 CFO 组织，通过组织的有效运作，提高"前沿存在"的价值和作用；同时准确捕捉和应对变化，真正成为值得业务信赖的伙伴。

构建华为各级 CFO 组织，就是构建一个贴近业务、跟业务结成合作伙伴的财务 BP 组织。华为财务 BP 组织的构建，让大量财务人员陆续被派往一线，支撑"龙头"的运作。财务 BP 组织当前已经发展成为华为人数最多的财务组织群体。

其次，改变财务组织阵型，深入业务最小的"作战"单元。

为支撑业务战略的落实，财务 BP 组织必须建立在一线"听得见炮声"的地方，不仅仅作为"龙头"的组成部分，还需要成为"眼镜蛇"的"一只眼睛"，与业务共同构成作战组织。

项目财务（project financial controller，PFC）是华为最具代表性的财务 BP 岗位。通过项目财务，财务人员参与到市场一线的售前、售后项目运作中，从传统的"裁判""顾问"角色转变成"运动员"角色。华为项目财务最多的时候约有 1 700 人，他们全程参与售前、售后项目，与一线人员一起解决业务问题。

如果说"龙头"给我们的感觉是"大"而"有力"，"眼镜蛇"则头部扁平、灵活。作为项目核心成员参与到项目中的财务人员并不多，如一个几千万甚至上亿美元规模的项目，大部分也就配置一两个项目财务，具体还要视项目规模与业务复杂程度而定。

财务 BP 组织运作也跟"眼镜蛇"一样，头部是少而精的"精兵"，支撑其运作的则是后端的财务管理平台。

曾经有学员问我："老师，我们集团在各分 / 子公司也设有财务 BP 组织，财务人员跟业务人员在一起工作，但财务人员怎么总有一种无法融入业务的感觉呢？"

我没有急着回答，而是先讲了我的一段经历：

我曾经和一个刚从华为某国代表处回来的同事聊天，他说："我是刚从一线回来的。"

我问："你进过项目组吗？"

他答："没有。"

我再问："你见过客户吗？"

他答："没有。"

我继续问："你设计过与客户交易相关的财务解决方案吗？"

他答："没有。"

最后我说："连'战壕'都没进过的人，算从一线回来的吗？"

我讲完这段经历后，接着问学员："你们分 / 子公司财务的情况，是否也与之类似？"学员们听到后纷纷点头。

没有"拼过刺刀，流过血"，连"战壕"都没进过的人，算不算一线人员？对于这个问题，我的观点是，分 / 子公司坐在办公室里的财务人员，最多只能算是坐在"听得见炮声的指挥所"里的人，与真正意义上的一线人员还是有差距的。如果分 / 子公司财务人员只是坐在办公室里出报表、做分析，那离业财融合还有很大的差距。

业财融合，组织必须先融合。支撑"班长的战争"，财务 BP 组织不仅要下到"连部"（如分 / 子公司），还需要进一步下沉到"排"，到"班"，深入一线最小作战单元，到"战壕"里去，与业务一起"冲锋陷阵"。

在华为，与业务融合最为紧密的岗位便是项目财务。从任正非的以下讲话中，我们可以看出他对项目财务的重视程度：

> "我们招聘大量的优秀员工加入项目财务（PFC），是为了培养未来的接班人，PFC 在高潮时曾达到 1 700 人，其中有大量世界名校毕业的博士、硕士。我正高兴于过几年我们就具有提升财务专家、干部的资源基础了，但几年前突然一阵寒风吹，不知谁裁掉了 1 100 人，让我生气不已。不知是谁干了这事，心声上也不检讨，这种领导鼠目寸光。"

为促使项目财务尽快匹配到位，华为曾规定，项目财务匹配不到位的地区部总裁和 CFO 必须降一级。

华为各层级 CFO 很大比例是从项目财务提拔上来的，项目财务工作经验也是任命 CFO 的必备条件之一。在华为没有项目财务工作经验的人，不可以做 CFO，由于历史原因，缺乏项目经验的主管要到项目中补足经验。

2.3　阶段三，从财务总监到 CFO 的角色转换及责权演进

对于财务总监到 CFO 的角色转换及责权演进，下面以华为海外代表处 CFO 的角色演进为例进行说明。

华为在海外市场拓展初期就开始外派财务，海外代表处的财务人员初期主要负责费用报销、付款之类的财务工作，当时被称为代表处会计、出纳；随着华为海外各国子公司的成立，会计需要对当地的报表及纳税负责，这时他们被

称为代表处主管会计；再随着业务的发展，业务提出财务手里有大量的数据，希望财务能为业务做一些分析，帮助业务发现经营上的问题，于是财务逐步介入经营管理，但主要还是作为经营支撑的角色存在，这时他们被称为代表处财务经理。

2008 年，华为启动 IFS 变革，实现了把业务流程端到端打通，为业财融合创造了条件。当年华为业务规模（以收入计算）已突破 170 亿美元，而且还在快速增长，管理跨度、复杂度越来越高，一线财务管理变得薄弱，暴露出许多问题，例如：

- 面临经营风险——许多项目存在亏损风险、现金流风险、税务风险、客户信用风险等问题；
- 账算不清楚——如某项目投标概算汇报，这次说巨额亏损，下次说不亏损；
- 运营效率低——与当时的行业标杆爱立信公司相比，DSO（应收账款回收期）多了 40 天。

  （有人做过测算，华为 DSO 每改进一天，可以给公司带来 1 亿元的利润。）

电信行业的特点是投入大、工程复杂、投资回收周期长，当华为走向海外市场之后，面临的市场环境更为复杂。电信市场的竞争已不只是客户关系、产品与服务质量的竞争，更多的则是整体解决方案和公司实力的竞争。因此，客户需求也由单纯地对产品与服务质量的需求，转变为对综合解决方案的需求。财务解决方案与产品解决方案、服务解决方案、商法解决方案等一起构成对客户需求的综合解决方案（包括针对在国际市场上经常碰到的项目融资、汇率、通货膨胀、国际税务、客户信用等财务难题制定解决方案）。

在这种背景下，经营"呼唤"财务从"后台"走向"前台"，"利用三年时间建设 CFO 管理体系"便成了华为 IFS 变革的主要目标之一。

由财务总监到 CFO，绝不是换个名字那么简单的事情，核心是相应的责权发生了变化。我们常说责权对等，那是先有责还是先有权？应该是先有责，因为企业只有赋予了某个岗位某种责任后，才能给予其相应的权力保障责任的落实。

我有幸在华为 CFO 试点初期被选拔和任命为某代表处 CFO。上任的第一天，代表就问我现在的 CFO 工作跟以前的财务经理工作有什么区别？我说："最大的区别就是，以前我任职财务经理时，可以不对经营结果负责，但现在任职 CFO，需要对经营结果负责，若代表处经营得不好，您可以打我板子。"

"对经营结果负责"与"不对经营结果负责"，仅一字之差，但延伸出来的工作范围、工作方法的差别却很大。

不对经营结果负责，财务往往作为类似旁观者、评论者、支撑者的角色出现。这种情况下，财务主要以提供数据、报表、经营分析报告、经营评价、改进建议等方式呈现财务的价值。

对经营结果负责，财务依然少不了承担评论者、支撑者的角色，但绝不是旁观者。财务在"战壕里"跟业务一起"摸爬滚打"，是参与者。CFO 是"作战参谋长"，需要组织、协调资源（包括财务资源和业务资源）并解决问题，甚至有时要亲自扛起"炸药包"，去把"碉堡"炸开。

不对经营结果负责时，财务可以说项目亏损是合同签得有问题，也可以批评业务签订的合同条款对企业不利，对于这种情况，一些脾气不好的业务人员可能会直接回怼一句："别站着说话不腰疼，下次你去跟客户谈判。"这时财务就会陷入尴尬的处境。

CFO 对经营结果负责时，财务必须参与甚至主导财务解决方案的设计，必要时参与合同谈判，将财务解决方案落地。作为华为代表处的 CFO，首先，工作必须聚焦经营管理改进，抓关键经营指标（权重最大的 CFO 考核指标）的改善，从而提升公司竞争力；其次，CFO 要一手"抓经营"，一手"控风险"，从财务风险管理角度切入，参与并负责企业全面风险管理。

随着华为一线作战组织的变革调整，代表处 CFO 也进一步细分为两个角色：平台 CFO 和作战 CFO。作为平台 CFO，一方面，要保障"中央"集权在代表处落地；另一方面，要协调拉通整个平台支撑作战，提供平台综合解决方案（之前只需要提供财务解决方案）以及相关的作战保障，包括作战资源保障、流程保障、合规保障、风险管理保障等。作战 CFO 则作为作战 CEO 的助手，提供贴近业务作战的计划管理和项目"四算"（概算、预算、核算、决算）管理方案。

这里要注意，华为经常会用到"协调拉通"这个词。华为支撑一线作战的平台部门有将近 20 个，这些部门在企业运作中容易各自为战，作战部门无所适从，不知道应该听谁的。因此，华为任命集团 CFO 为"平台协调委员会主任"，代表处平台 CFO 也有这个职能，负责协调拉通各个平台部门，提供综合解决方案。

华为一线作战组织的变革调整，使 CFO 真正实现了从财务主管到公司主管的定位和转型（从财务管理到业务计划协调与管理，从提供财务解决方案到提供平台综合解决方案）。

综上所述，责权对等，CFO 责任落实必须有相应的权力保障。华为代表处 CFO 就拥有以下三个重要权力。

（1）作为代表处业务管理团队成员，参与代表处重大业务的讨论与决策。

（2）作为代表处行政管理团队成员，参与代表处员工的任命、升迁、考核评定、奖金评定、调级涨薪等行政管理的讨论与决策。

（3）作为代表处合同决策团队成员，参与代表处相关合同的评审与决策。CFO 与代表处其他副总相比，不仅有表决权，还有上升决策权。如前所述，若某项目合同 CFO 不同意签，即使代表同意也不能签，而必须上升到上一级（地区部）合同决策团队做出决策。CFO 的上升决策权，体现了 CFO 的现场制衡作用。

2.4　理顺"财务三支柱"的分工与协同关系

财务 BP（各级 CFO）组织构建完成，加上已经成立的共享中心，集团财务的功能便转变为专业能力中心（center of expertise，COE）了。

财务 COE、财务 BP、共享中心，三者分工明确又相辅相成，这就是当前被业界津津乐道的"财务三支柱"组织模型。下面我们来看看华为"财务三支柱"的职能定位与协同，如图 2-1 所示。

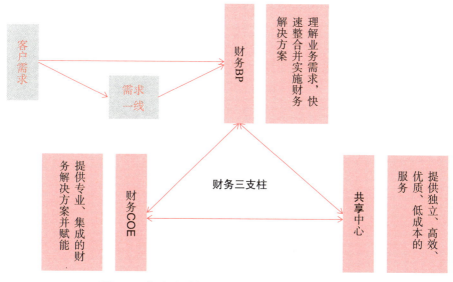

图 2-1　华为"财务三支柱"的职能定位与协同

1. 财务 COE：提供专业、集成的财务解决方案并赋能

财务 COE 的定位是财务能力中心，其中也有一部分总部职能，如华为的经营管理部，其除了构建及提升全球经营管理能力，也承担了集团宏观调控的职能。但如果把财务 COE 定位为战略财务，则失之偏颇。

财务 COE 的主要功能是瞄准全球通用场景下的财务解决方案，一线个性化场景的解决方案问题，往往由一线财务 BP 自己组织解决。部分比较复杂的特殊场景，则采用财务 COE 与当地财务 BP 组织共创的方式解决。例如，华为在巴西的 ERP（enterprise resource planning，企业资源计划。物质资源、资金资源和信息资源集成一体化管理的企业信息管理软件包）上线项目，因巴西税制复杂，ERP 项目组便与华为巴西代表处的财务部门成立了联合项目组，一起解决问题，推动华为巴西 ERP 项目上线。

2. 财务 BP：理解业务需求，快速整合并实施财务解决方案

我们举个通俗的例子来说明财务 BP 与财务 COE 的分工和协同关系。例如，以打仗为背景，财务 BP 需要承担参谋、参谋长的角色。参谋、参谋长必须熟悉地形，了解战场，清楚攻打某个山头需要多少门、多少毫米口径的大炮，开发和制造大炮则由财务 COE 来完成。同时财务 COE 还必须赋能一线，针对大炮该怎么架、需要什么样的底座、以什么角度打得最远等问题对一线人员进行培训。但在实际战场中，地形千变万化，实战环境会有很大不同，例如，按操作指引，大炮必须架在坚实的土地上，但实战环境中最合适架炮的位置却是一片沼泽地，这时该怎么办？如何随着地形的变化，让大炮发挥最大的威力，这种适应当地作战场景的解决方案，就必须由当地财务 BP 组织来完成，财务 COE 很难做到针对全球各种场景开发对应的解决方案。

华为公司的制度、流程也是按这种理念来设计和管理的，任正非用以下比喻很形象地阐述了流程主干与末端的关系：

"我认为末端流程要增加更多的灵活性。我们的指挥中心设在深圳，当指挥中心下令每个人都要穿上短袖 T 恤冲锋时，北冰洋的弟兄们一趴在那个冰上，就全冻死了。我们不让前线有因地制宜的权力，我们的

体系就是僵化教条的体系。所以，我们现在强调，末端要有更多的灵活性，要允许他们灵活管理。"

华为流程架构分为 6 级，1 ~ 4 级财务流程，解决财务全球通用场景的运作规范与能力构建问题，由财务 COE 负责；5 ~ 6 级流程主要解决当地客户化场景问题，由当地财务 BP 组织负责构建。COE 与财务 BP 两者之间协调统一，相辅相成。1 ~ 4 级财务流程解决业务主干道的问题，全球统一；5 ~ 6 级流程解决支流末端问题，在遵从主干流程标准和原则的基础上，灵活开放。

3. 共享中心：提供独立、高效、优质、低成本的服务

把账务核算从当地财务剥离到共享中心独立运作，使财务 BP 聚焦作战。

华为账务共享中心成立比较早，第一个共享中心于 2000 年开始筹建，2003 年基本完成了国内代表处账务共享，2005—2007 年，完成了全球七大共享中心的建设，随着共享中心的运作成熟，华为后续又进一步进行共享中心之间的整合。

账务共享中心筹建初期，碰到了很多阻力，有来自业务的，也有来自财务内部的，尤其是各子公司财务，起初对账务共享往往有抵触情绪。

账务共享之前，代表处 / 子公司大部分财务资源都投入在账务核算上，根据本书前面的介绍，财务用在核算方面的资源占 70% ~ 80%。如果将这些核算资源纳入共享中心，就意味着当地分 / 子公司财务主管所管辖的财务人员大致要减少 2/3。这种情况下，如果沟通宣传不到位，财务人员难免产生抵触情绪。

当地分 / 子公司财务人员，包括财务总监，往往是静态地看待上述问题，

他们可能不知道，所在的财务组织很多职能并没有开展起来。关键原因之一是，一线财务人员因为投入太多时间和资源在核算、数据处理等基础工作上，导致没有时间、没有资源去拓展更多的财务管理职能。财务 BP 的定位是业务战略合作伙伴，如果不从基础的核算工作中解脱出来，老是守着过去的"一亩三分地"，财务 BP 的能力和价值贡献就永远发挥不出来，因此需要把眼光放长远。

从华为当前的财务组织现状已经可以看出，一线财务 BP 人员已经远远超过共享中心建立之前的规模。单纯从人数来看，财务 BP 已经成为华为最大的财务组织群体，而且财务 BP 的岗位价值也得到了较大提升，代表处 / 地区部 CFO 都是按代表处副代表 / 地区部副总裁级别来配置的。

我曾对一家集团公司下属区域的财务总监进行财务 BP 转型培训。培训前，集团财务总监特别交代，让我给该集团各区域财务总监们"松松土"，打消他们对即将进行的账务共享变革的顾虑。

账务共享中心距离业务一线可能"十万八千里"，如何才能不脱离业务实际，这就需要共享中心与财务 BP 协同作战。

首先，账务共享并不代表各级 CFO 可以将账务置之度外，如华为代表处 CFO 的职责之一便是"提升财务数据质量，提供及时、准确、合规的会计核算数据和报告"，CFO 需要对所负责的代表处 / 子公司的财务报告和数据质量负责。例如，某代表处交付人员拿到了客户签署的项目验收证书，符合收入确认条件，但交付人员可能因为各种原因没有将验收证书上传至账务共享中心，这种情况下，CFO 也应该知道这笔业务，否则只能说明该 CFO 没有深入业务，是要被"打板子"的。

我们可以把账务共享中心视同为各代表处、分 / 子公司 CFO 委托其做账务核算处理，但授权不授责，CFO 必须对报表和数据结果负责。CFO 履行报告职责，除了深入业务、了解业务，还必须有流程、工具、方法支撑，如报表预测 / 预估、财报内控等，以确保及时发现数据、报告质量问题。

其次，华为账务核算场景复杂，为了更好地配合各地子公司 CFO 提升数据与报告质量，账务共享中心对一些代表处也会派出主管会计，与财务 BP 一起，常驻代表处，深入业务一线。

华为账务共享中心除了具有"被委托"的核算服务职能，还有一项重要职能，即建立"账务大坝"，通过核算流程的规范运作监控各分 / 子公司经营数据。

账务共享中心的独立运作，也解决了当前部分公司 CFO/ 财务总监的一大难题。许多业界财务总监总抱怨"工作很难做，自己常常变成两面人"，个别业务主管或者企业"一把手"在业务完成"差一点"或"太好"时，为达到某种目的，会让财务通过账务处理做些"小动作"，这让财务总监非常为难。

华为在账务共享中心独立运作后，代表处 / 地区部 CFO 是没有权利"命令"共享中心会计做那种上不得台面的"小动作"的，华为要求共享中心会计"不为客户负责，不为业务负责，不为领导负责，只为真实性负责"，跟所有业务组织脱钩。因此，代表处 / 地区部 CFO 只能跟业务一起"奋力拼杀"，共同创造经营业绩。当指望通过财务做些"小动作"而达到某种目的已经行不通时，各级业务组织也就只能"力出一孔"，实实在在地将精力聚焦在经营改进上了。

从内控角度看，SOD（职责分离）模式往往强调不相容岗位职责的分离，但更高层面、更彻底的职责分离，应该是不相容组织职责之间的分离。账务共享中心的成立，能很好地解决困扰 CFO/财务总监已久的做"两面人"的难题。

2.5　理顺财务与业务的合作及管理关系

1. 财务与业务的新型关系

在华为建设 CFO 组织初期，郭平（当时的轮值 CEO 之一）曾在华为内部刊物《管理优化报》上发表过一篇文章，其中就用望远镜与放大镜来比喻未来财务与业务的合作关系（见图 2-2）：如果把业务比喻成狙击手（拿放大镜），财务便是观察（瞄）员（拿望远镜）。

图 2-2　狙击手与观察（瞄）员

狙击手手持狙击步枪，通过放大镜盯紧目标所在的方向和区域，一动不动。但由于太过于聚焦，当目标出现预期偏差时，例如，原计划的狙击对象是 A，结果来了 B（级别更高），这种情况下打不打？再如，狙击手原预计目标将从前门出来，因此瞄准前面，结果目标却从后门出来了，这种情况下怎么办？既然情况发生了变化，就需要迅速调整方案，但这会对狙击手的命中率有一定影响。同时，方向、风速、地形等变化，都可能对狙击手的命中率造成影响。除此之外，由于开枪后枪械后坐会引起瞄准镜（放大镜）视野跳动和目标四周尘土飞扬等，因此狙击手当下难以准确判断是否命中了目标，往往需要时间确认，这就会延误狙击手撤离现场的时间，导致被反狙击等。

观察（瞄）员手持望远镜对周围环境及目标进行观察。望远镜的观察范围较大，可以较早发现目标的变化情况，当观察到目标、路径、风速／风向（除望远镜外，还会配置其他相关仪器）等发生变化时，观察（瞄）员可以有更加充裕的时间提醒狙击手进行目标、计划及方案的调整。另外，由于方便对目标完成情况（狙击效果）进行判断以及设计撤离方案等，观察（瞄）员可以帮助狙击手迅速撤离。

业财融合中，财务与业务的关系就相当于上述的观察（瞄）员与狙击手，两者需要密切配合。观察（瞄）员手中的望远镜解决了狙击手的放大镜过于聚焦的问题，可以从更广的视野进行观察，随时发现可能影响目标实现的环境变化，以实时做出计划调整、配置资源和后勤协助，帮助狙击手（业务）提高获胜率并减少伤亡（风险及成本）。

2. 财务既是业务的合作伙伴，又是业务的监督者

业财融合，首先融合的是"立场"。定位不清则立场不正，华为对财务与业务的关系定位是，财务既是业务的合作伙伴，又是业务的监督者，正确理解

两者关系，将对财务融入业务，业务自愿与财务融合产生重大影响。如果财务一味地把自身定位成监督者的角色，很可能导致业务部门对其敬而远之，项目组或许会把财务办公室安排在某个角落，或者开会时不通知财务人员。这种情形下，单凭财务"几杆枪"，如何监控？如何开展业务？

什么是合作伙伴？IFS 变革初始，我也曾问 IBM 顾问这个问题，对方给出了一个通俗的比喻——把 CFO 与 CEO 的关系比喻成妻子与丈夫的关系，妻子（CFO）的主要职责是协助丈夫（CEO）共同经营好家庭。

关于如何理解和处理财务与业务的关系（服务与监督），我们来看看华为是如何做的。

早在 2000 年，华为就明确了财务与业务两者的关系，并将其作为公司十大管理要点之一列入正式文件，即"以业务为主导，以会计为监督"。其中，关于"以会计为监督"，任正非曾多次做出解释和指导：

- "对'以会计为监督'体系的理解，就是提供规范化的服务，会计在提供规范化服务的同时已经完成了监督。"
- "业务作为行政长官，拥有决策权，同时也承担相应的决策责任，对所负责区域的经营成长与稳健发展负责。财务既要服务业务，也要监督业务。监督职责的有效履行，既能保证财务数据真实反映业务实质，也能帮助业务主管做出正确的选择与决策。"
- "'以会计为监督'是指财务在提供服务与支撑的过程中，同时要履行公司赋予的管理与监督职责。"

任正非所说的会计，不只是单纯的簿记岗位，还包括账务核算、项目核算、财务管理等财务岗位。财务如何提供规范化服务？主要是通过流程化、职业化的方式建立和执行正确的财务流程，有效支持业务流程运作。CFO 与 CEO 是一条船上的人，虽然两者的工作内容、工作方式不同，但目标和方向是一致的。

本章小结

综上所述，华为财经体系主要以业务为主导，财务通过规范化服务来完成对业务的监督。同时，CFO 与 CEO 的关系是合作伙伴，公司委派 CFO 的目的不是监督 CEO，而是通过建立和执行财务规范化服务来支撑业务流程的运作，实现业务的有效增长。另外，华为有 CFO 现场制衡机制，CFO 拥有决策升级权（当 CFO 对合同条款或商业模式有不同意见时，同级合同决策团队不得做出决策，应转由上级决策团队处理）。对于规范的流程及制衡机制，财务与业务要一起遵守，而并非财务单方面对业务进行监督。只有财务与业务的关系定位清晰，业务才能把财务当成自己人，这也是实现业财融合的前提。

华为对财务 BP 组织的管理采用矩阵式管理，例如，代表处 CFO 需要向代表处 CEO 与地区部 CFO 双重汇报。这种组织关系设计，使财务 BP 既服务于业务，又必须遵循财务规则，服从上级财务部门的管理与约束。

拓展思考

（1）对于常见的职能争议与分歧，如财务稽核、风控管理、应收账款管理、客户信用管理、项目客户融资管理、定价管理、项目概算（有些企业叫测算）等，结合你所在公司的实际情况，你认为该不该由财务部门负责，或者应该由哪个部门负责？

（2）根据"财务三支柱"组织模型，设计你所在公司的财务组织架构及"三支柱"之间的分工与协作关系。

（3）根据你所在公司的组织及流程运作情况，设计财务 BP 组织的行政管理关系，如考核、薪酬、奖金、股权激励、升迁等。

03

第 3 章

IFS 变革，解决业财融合的难题

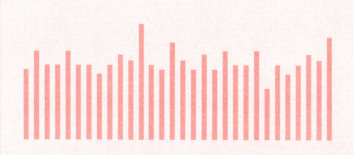

IFS 变革"八年磨一剑"，号称华为管理变革的"万里长征"。该变革"全方位""全流程"端到端打通了业财融合的"任督二脉"，为财务参与业务过程创造条件。IFS 变革使流程顺畅，全流程数据、信息对财务透明可视，解决了财务参与业务过程的主要问题和障碍。

> **阅前思考**
>
> 在你所接触的财务流程中，你认为在业财融合方面存在哪些主要问题？企业是否尝试解决这些问题？主要有哪些困难和障碍？

3.1　传统财务流程在业财融合中存在的问题

针对传统财务流程在业财融合中存在的问题，有一种情况是"财务不知道有问题"，还有一种情况是"财务知道有问题，但不知道如何解决问题"。在分析财务流程问题之前，我们先来看一个财务培训的互动场景。

　　老师问："如果一个金额比较大的项目通过了客户的验收，业务拿到了验收相关资料（假设该项目在验收时确认收入），但业务考虑到当年部门指标已完成，此项目可计入来年指标，于是便把验收资料锁进了抽屉里，没有传递给财务，财务也就未能在当年确认收入，那么这种情况下，当年该企业的财务报表是否真实可靠？"

　　有位学员举手说："财务没有问题，业务信息没有传递过来，财务怎么可能知道。"

　　老师说："我问的是财务报表的真实性是否有问题，而不是财务是否有问题。另外，在财务报表年度审计时，审计是否会对财务报表存疑？审计是否会认为财务报表合理？"

学员说:"报表是有问题的,因为没有反映出企业当年的实际经营情况,但财务是没有问题的。"

老师说:"这位同学的回答很有意思,值得我们思考和讨论。"

老师接着问:"基于部门立场或者'问责,打官司'的立场,大家或许可以这样辩解,认为财务没有问题,但这种说法除了避免财务被'打板子',对公司是没有任何价值的。如果导致财务报表严重失真,而你们公司是上市公司,证监会以及广大股民会认为财务总监没有责任吗?"

学员们几乎异口同声地回答:"财务总监有责任,是会受到处罚的。"

老师说:"对的,这是常识。这个问题的根源在于公司内部的'部门墙'太厚,负责人各管一段,部门主管只对自己的一亩三分地负责,导致流程被断开割裂,没有人对流程端到端的结果负责。更重要的是,财务处于流程末端,久而久之容易形成一种意识,即前端的问题不归我管,于是,把自己缩在小小的'象牙塔'里。"

财务缩在"象牙塔"里的时间久了,便容易出现以下几类"症状"。

第一类,如同患有"自闭症"。

出现这类"症状"的财务人员不爱与人交流,尝尝对别人说的话充耳不闻,在他们看来,外面(财务前端)的问题都不归他们管,他们只对财务的程序和数据负责。

第二类，如同患有"无力症"。

出现这类"症状"的财务人员，只会简单地向业务伸手要数据、要资料。相较于第一类"症状"，患有"无力症"的财务人员虽然往前迈了一步，但其依然局限于财务直接接口的上游，再往上就够不到了。久而久之，他们难免会发出类似的抱怨："哎！无奈，这问题不是财务能够解决的。上游流下来的水本来就是浑浊的，里面还有垃圾，而且河流太长，我们（财务）也无能为力，只能是发现垃圾后尽力打捞。"另外，对于有些业务，也存在上游有意不让财务介入的情况，而且这种情况在实务中较为普遍。

许多参加财务 BP 转型培训的学员都会感叹财务不被业务认可，作为财务人员，自己对此感到很无力，也很无奈，很想找到原因，改变这种局面。通过对各种表象进行分析后，我认为其根本原因大多与以上两类症状有关，当前大部分财务人员还只处于业务流程末端，未参与业务过程，总结为一句话：财务不在业务流程里面"玩"。因此，便产生了以下种种现象。

- 预算 / 预测"拍脑袋，蒙一蒙，估一估"，因为缺乏业务信息和数据。
- 经营分析不接地气。财务人员试图通过财务报表下钻找原因，提建议，犹如将一扇会议室的大门打开一个门缝，借着门缝透出的一缕光线，往偌大的会议室里扫几眼，然后说"你们的会议开得有问题，我建议……"不是会中人，焉知会中事？财务人员所找的原因、所提的建议很可能只是"猜一猜"的结果。
- 后知后觉。财务在流程末端，核算、记录的都是业务经营的结果，其特性决定了财务相对于业务具有滞后性。有些企业流程比较长，等某项业务的信息传递到财务，可能已经是好几个月前发生的事情了。

诸如此类的现象还有很多，无法一一列举。

第三类，如同患有"亢奋症"。

财务人员的这种"症状"往往出现在财务流程变革初期，这时的财务人员对财务流程变革这一新事物充满了好奇，他们什么都想知道、什么都想了解。患有"亢奋症"的财务人员虽然从意识上由"小财务"进化到了"大财务"，但事事关心、事事操心，使他们忘了财务工作的"核心"。当财务流程目标不明确、不聚焦时，财务人员是无法将财务流程各环节串成"一根绳"的，也无法使财务流程围绕共同的目标，力出一孔。

针对以上三类"症状"，我们应该找出根因。其根因可以总结为一句话：缺"主心骨"，缺"方法论"。缺"主心骨"，主要体现在流程目标不明确、没有人对跨部门流程负责；而缺"方法论"，主要体现在财务想"走出去"，但却不知道该如何"迈步"，更不知道能在业务活动中发挥什么价值。

下面主要针对缺"主心骨"涉及的两方面问题做重点说明。

1. 流程目标不明确

流程的核心是什么？对外成就客户，对内创造价值。任正非曾表示，成功的标准只有一个，就是实现商业目的。商业成功才是真正的成功。企业必须实现持续有效增长，才能不断提升企业价值。华为对持续有效增长的解读是"有利润的收入增长，有现金流的利润增长"。市场销售增长是企业增长的源头，但不一定能带来企业商业上的成功，就像签一个 500 年后回款（货款回收）的合同，这对企业的商业成功有什么价值呢！

商业成功最终通过财务结果的改善体现出来。曾经在商品短缺时代，企业往往只要有市场签单就会有利润、有现金流入，因此，企业的经营目标及相应的流程目标主要聚焦在市场拓展和销售签单上，而财务部门的主要职能就是记好账、交好税。然而，随着时代的发展，商品整体上不再短缺，甚至一些领域已经是供大于求，市场竞争变得更加激烈，企业的管理也更加复杂，这时企业就面临着盈利和经营风险的双重压力。

华为在 21 世纪初跨出国门的一瞬间，经营上的压力便扑面而来，许多项目都面临着亏损或回款风险，这种情形下，传统财务部门在业务价值流中的记账员、旁观者、建议者角色已经无法满足企业经营管理的需求。自此，华为由"签单为王时代"跨入"全面经营时代"，流程目标也从单纯地追求销售增长转变为追求持续有效增长。企业财务结果的改善及经营风险管控都呼唤财务从流程末端走向前端，参与业务过程，与业务结成合作伙伴。

2. 没有人对跨部门流程负责

没有人对跨部门流程负责，这是很多企业都存在的问题。华为在 IFS 变革之前，也存在这个问题。经营结果好的时候，你好我好，大家举杯相庆；经营结果不好的时候，相关部门和人员会习惯性地从上下游找理由、推卸责任，没有人对流程端到端的结果负责。例如，针对谁对回款结果负责这一问题，就常常引发争论，主要有以下三种观点。

第一种观点认为，回款结果应该由销售人员负责，销售人员不能只管签单，不管回款。如果合同交易质量差，就注定无法回款。

第二种观点认为，即使销售人员签的合同条款没问题，但若交付人员不作为、工程质量差、验收不通过，也无法实现销售回款，因此应该由交付人员负责。对此交付人员会说："交付只是整个流程中的一个环节，前端的销售环节我们管不了，后端的财务回款我们也管不了，我们如何对回款结果负责？"

第三种观点认为，回款结果应该由财务人员负责。对此，财务人员会说："财务管不了前端销售、交付环节的事情，夸张一点来说，如果销售签一个500年后回款的合同，或者交付部门磨磨蹭蹭，未按时完工，发票都开不出去，我们财务人员如何对回款结果负责？"

造成上述观点不一致的主要原因就是流程目标不明确，没有人对流程结果负责，即缺"主心骨"，部门之间各自为战，流程执行不畅，甚至因为"部门墙"而产生人为障碍。

综上所述，缺"主心骨"，缺"方法论"，是导致财务缩在"象牙塔"里的根因。久而久之，财务人员便会产生前面所讲的"自闭""无力""亢奋"等症状（其他部门人员也存在类似的情况）。

3.2 流程问题的解决：IFS 变革为业财融合创造了条件

华为 IFS 变革涉及企业管理的方方面面，在正式变革的前三年，任正非就说要启动华为管理变革上的"万里长征"，几年后我才明白，任总当时说的

"万里长征"就是 IFS 变革。

华为在 2008 年开始启动 IFS 变革。"万里长征"，路程虽长，却离不开一个核心，即"业财融合，围绕财务目标，打通业务与财务的任督二脉"。华为 IFS 变革的愿景和使命如下。

愿景：促进公司可持续、可盈利增长。

使命：加速现金流入，准确确认收入；项目损益可见，经营风险可控。

从上述愿景和使命可以看出，这绝不是单靠财务部门就可以达成的。华为 IFS 变革虽然由当时的集团副 CFO 孟晚舟担任项目经理，但定位是公司级变革项目，由华为公司变革委员会直接管理。

华为 IFS 变革并非"头痛医头，脚痛医脚"式的局部改进。从横向和纵向两个维度，我们可以看出该变革的两大特点。

1. 横向，通过变革实现主要业务领域"全覆盖"

IFS 非单领域变革，其横跨当时华为公司的大部分业务领域，再加上之前已经完成的研发领域 IPD 流程变革、供应链领域 ISC 流程变革，基本实现了主要业务领域的"全覆盖"。IFS 变革不只涉及资金、税务等财务专业解决方案，也涉及从战略到经营管理，以及打通影响财务结果的交易及业务处理流程等，主要涵盖以下几方面：

- 公司战略与财经战略；
- 面向公司及责任中心的经营管理；

- 项目层面的经营管理；

- 从交易层面打通业务与财务；

- 外部遵从与有效控制；

- 财经专业类方案（资金、税务、存货等）。

IFS 变革包括以下两个阶段，涉及 17 个流程子项目，具体如表 3-1 所示。

表 3-1　IFS 变革阶段与流程子目录

阶段	流程子目录
阶段一 聚焦数据准确性	（1）机会点到回款（OTC）
	（2）采购到付款（PTP）
	（3）项目"四算"（PFM）
	（4）总账（GL）
	（5）资产管理（AM）
	（6）共享服务（SSC）
	（7）薪酬（Payroll）
	（8）业务控制与内部审计（BCIA）
	（9）授权（Delegation）
	（10）政策与流程（P&P）
阶段二 聚焦经营管理	（11）报告与分析（R&A）
	（12）资金（Treasury）
	（13）关联交易（IC）
	（14）成本与存货（C&I）
	（15）资本运作（CIP）
	（16）税务遵从（Tax）
	（17）计划预算与预测（PB&F）

IFS 变革在对流程变革梳理的基础上，进一步将流程通过 IT 固化下来，

使流程得到规范、高效的执行，同时形成一套数据管理、变革管理的方法论。

2.纵向，打破"部门墙"，实现从业务到财务全流程端到端打通

为达成变革使命，任正非在华为 IFS 变革前夕做出了以下指示：

> "财务变革（IFS 变革）是华为公司的变革，而不仅仅是财务系统的变革。华为公司每一个高层管理团队都要介入财务变革，如果哪个业务部门认为不需要支持就能完成变革，那么可以理解为'不需要费用就能创造利润'，这个业务部门的主管是没有后续成长能力的。财务部门也不能关起门来，认为财务变革不需要业务部门的参与、不需要对业务部门进行宣讲，以及不愿意去听业务部门的意见。"

任正非的以上指示明确了华为财务变革（IFS 变革）是公司层面的变革，公司高层、业务人员、财务人员都必须参与变革。所以，参与华为 IFS 变革的不仅仅是财务人员，相关领域的业务组织及业务专家也要深度参与。

IFS 变革着力于业财融合的变革，不仅从流程上，也从财务组织上为财务 BP 转型创造了必要条件。

在组织上，华为针对 IFS 变革提出"三年基本建成 CFO 管理体系"，因此，伴随流程变革，财务组织也进行了相应的变革。任正非曾表示："公司整个管理体系目前正处在流程化和职业化建设阶段，我认为现在启动 CFO 管理体系建设的时机已经成熟，希望 CFO 到位以后，既能保证业务高速增长，又能帮助公司减少浪费、降低成本，同时要注意防止局部优化对全局可能造成的破坏，任何时候，做任何事情都必须有端到端的视野。"

我第一次在华为听到 CFO 这个词，是在 2005 年的一次汇报会上，我当时听到任总对坐在他右手旁的纪平（当时的华为财经管理部总裁）提出要求，要求其自 2002 年起，准备任命 200 名 CFO。可见，华为最高层在 2002 年就已经开始构想 CFO 组织的设置，但直到 2010 年初左右才正式任命第一批区域 CFO。主要原因是，华为 IFS 变革前，财务处于业务流程末端，业财流程尚未打通，财务很难具有端到端的视野，也很难在业务流程活动中发挥价值，公司流程不能支持 CFO 的价值发挥，启动 CFO 管理体系建设的时机尚不成熟。而随着 IFS 变革的推进，启动 CFO 管理体系建设的时机逐渐成熟。

华为 IFS 变革的核心可以用第一个字母"I"（integrated，集成的）来概括。在流程集成、业财融合方面，IFS 变革解决了以下问题。

第一，通过变革，培养了一批具有全流程视野、业财融合方面的业务专家和财务专家。

第二，全流程信息透明可视，并通过 IT 平台变革使流程固化下来，让财务参与到业务相关的活动过程中。

第三，明确流程目标。例如，针对 OTC（opportunity to cash，机会点到回款）流程，IFS 变革明确提出交付的目的就是回款，因此，公司要以开票为统领，从财务结果向前端梳理业务流程。

第四，任命流程 Owner（责任人），对流程结果负责。前面提到的回款问题，由财务相关模块主管作为回款流程 Owner，端到端解决影响回款的问题。

总之，华为通过 IFS 变革，成功地解决了前面提到的导致财务缩在"象牙塔"里的根因问题。

3.3　发现数据的美：“流程通”的核心是“数据通”

如前所述，华为 IFS 变革分两个阶段：阶段一，聚焦数据准确性；阶段二，聚焦经营管理。在我的财务培训课上，曾有学员对这两个阶段感到困惑，以下是我和学员的一段对话：

学员问：“华为从成立（1987 年）到启动 IFS 变革（2007 年）有 20 年的时间，怎么财务数据还不准确呢？”

我反问：“你认为你们公司的财务数据准确吗？”

学员答：“当然准确了，如果财务报表数据不准确，每年的审计肯定通不过。”

我再问：“假设业务造假，传给财务一份金额较大的模仿客户签字的验收证书，财务确认了收入，这时你还认为财务报表中的数据是准确的吗？”

当财务人员拿着一份并不准确的财务报表做经营分析，给业务部门点赞或提出意见时，业务人员心里或许会想：“这样的分析就不用听了！”因为真实的数据他们心里有数。这样基于错误数据、不能反映业务事实情况做出的经营分析，对企业来说毫无价值。

我继续说：“大家有没有碰到过类似的尴尬场景，在经营分析会上，财务人员拿出收入数据，交付人员表示数据不对，与其部门的

> 收入数据不一致；财务人员再拿出订货数据，销售人员也表示数据
> 不对，与其部门的订货数据不一致……经营分析会因此变成了数据
> 争吵会。"

学员们似有同感，纷纷点头。

那么，问题究竟出在哪里？原因种种，既有客观原因，也有主观原因。客观原因在于，业务系统与财务系统没有打通，来自不同系统的数据对不上，即使对上也很可能只是巧合；或者财务与业务对数据理解的标准不统一等。主观原因在于，业务人员总把财务数据的准确性归责于财务，而财务人员认为这些数据都是业务"流"下来的，财务没有做任何修改，因此责任不在财务。

> 我接着问："假如要做一个项目投标，业务告诉财务要建 100 个
> （通信）基站，需要财务做这 100 个基站的成本测算。财务表示这很
> 简单，去年建了 1 000 个基站，成本是 ××，今年基站的数量是去
> 年的 1/10，因此成本也是 1/10。请大家仔细想一下，这个数据是准
> 确的吗？"

财务若如此简单地做成本测算，业务拿到数据后很可能会摇摇头，认为这样的财务数据一点价值都没有。因为交付场景已经发生了变化，如去年建的基站在城市郊区的平地，今年建的基站在远离城市的山顶，不同场景的建站成本能相同吗？道理虽然很简单，但我们要深挖根因。为什么财务拿出的数据经常被业务诟病？根因就在于财务只有报表数据，没有业务量纲的基线（华为的习

惯用语，业界通常用"基准"一词来表述）数据，财务可能不知道不同场景下，如平地与山顶，沙漠与沼泽地单个基站的建站成本分别是多少。

这又会引发一个思考，什么叫财务数据准确？

财务数据准确，在财务以核算为主导的阶段，主要聚焦财务报表数据准确，财务人员按规则处理，不存在造假。但在平地建立基站的交付成本即使核算得再准确，也支撑不了山顶站点的投标。因此，财务 BP 转型，要求财务人员提供更小单元、细分维度的管理报表和基线，以支撑业务运作和决策。

财务数据准确，不能只满足于事后核算数据的准确，财务 BP 需要从核算数据往前延伸到概算、预算、预测数据，概算、预算、预测是财务 BP 经营管理的重要工具。如果项目概算不准确，财务在项目投标、合同获取中便失去了发言权，甚至会误导项目投标决策；项目预算数据不准确，财务便在项目经营管理中失去了发言权。因此，IFS 变革不是单纯地打通交易后的项目核算数据，而是要打通从业务计划、概算、预算到项目核算的全流程数据。

财务"玩"的就是数据，数据是财务工具的基础，是财务的重要产品。财务数据不准确，业务与财务之间无休止的争议和指责，是阻碍企业发展的重要因素。为解决这个问题，华为决定从以下几方面入手。

1. 解决主观意识问题，对数据质量责任做出明确界定

为避免因业务数据不准确、不规范而影响财务报表的准确性，华为对业务与财务提出了如下要求。

（1）谁产生数据，谁对数据质量负责。业务主管要对流程遵从负责，保障

业务数据准确、及时、规范，并要求部门不做假账；同时，业务主管要具备基础的财务管理能力，并承担监管责任。

（2）业务与财务共同承担数据准确的责任。业务应把完整、准确、清晰的数据传递给财务；财务要按制度、按规则、按流程进行正确的处理。

数据质量责任界定清晰后，业务与财务各司其职，业务对交易数据产生的质量负责，财务对数据的正确处理负责。只有当业务知道财务数据不准确的主要原因很可能出在自己身上，或者自己需要对财务数据质量负责时，他们才不会从上游"倒入垃圾"，下游的人才能喝到"干净的水"。从此，业财既各司其职，又齐心协力，共同保证数据质量。

2. 解决客观问题，在打通流程的基础上，确保打通业财数据

（1）打通流程与数据断点

下面以铁路修筑为例进行分析，同蒲铁路是贯穿山西省中部的南北铁路干线，修建于 20 世纪 30 年代，属于窄轨铁路。其因与外界铁路铁轨的标准不统一而形成"断点"，主要原因有：①历史原因（山西之前建的就是窄轨铁路，新建铁路采用窄轨便于山西境内铁路对接，对局部来说是结果最优）；②窄轨铁路成本低；③受当时"诸侯割据"等主观因素的影响。可以说，窄轨是当时山西局部最优、成本最低的一种铁路修筑选择。但是，从外界进入山西，需要换乘山西的火车，这就导致效率受到影响，综合成本增加。因此，局部最优不等于全局最优。

流程构建如同铁路修筑，历史原因、局部最优、"诸侯割据"的"山头主

义"思想等，往往也是流程构建过程中的常见问题。华为 IPD、ISC、IFS 的集成变革理念，将数据从端到端、全局最优的视角全流程打通，使数据就像一列高铁，从始点到终点全程通畅、无断点。

（2）全流程统一规划、统一标准

财务部门作为财务数据的输出部门，需要把数据的规范及标准要求与业务前端打通。例如，本章前面提到的核算基站成本的案例，财务便需要与业务讨论，明确投标与交付业务管理的典型场景，以及典型场景下的标准配置等业务规划细节，并将 CBOM（customer bill of material，客户界面的物料清单）、SBOM（sales bill of material，销售物料清单）、BBOM（basic bill of material，基础物料清单）配置打通，这样财务才能快速、准确地提供典型场景下的单基站成本。

为实现合同信息与数据统一，华为在 IFS 变革中成立了合同管理及履行组织，由该组织负责统一录入合同信息。后续的数字化变革，又进一步要求做到"一点录入，多点调用"。因此，财务需要在流程设计阶段，把财务的数据需求固化到相关的业务前端，否则，将来的财务数据处理很可能需要财务做二次加工。

（3）打通 IT 系统

IT 是流程信息和数据的承载，我认为"没有 IT 支撑的流程不是好流程"。如果没有 IT 承载，一方面，各种规范要求凭一纸空文，很难统一落实；另一方面，数据无法做到可视与快速集成。

华为公司的业务复杂，系统繁多，在数字化变革之前，未能做到系统的集成，而是形成了一个个数据"烟囱"、数据"孤岛"。财务有财务的系统、交付有交付的系统、销售有销售的系统等，各个系统之间没有打通，结果必然会导致一方数据与另一方数据不一致。华为通过数字化变革，采用数据入"湖"的方式，打通了这些数据"孤岛"。各部门都在一个数据"湖"里，按统一的标准、统一的规则去"打捞"数据，业财数据不通的问题因而得到解决。

我们要善于发现数据的美，下面引用孟晚舟的两段讲话来对本节的内容做个总结：

- "财务数据的'美'，是我们按照基本财务规则，遵循数据生成路径，通过收集、整理、归类而形成基础财务信息，再结合财务人员对数据逻辑的认识，以及对业务的深刻理解，在数据整合、洞察、建模和分析的过程中，识别管理改进的机会和目标。"
- "CFO 的三个核心角色：参与及支撑战略决策者、业绩评估及价值判断者、首席沟通与协调官。这三个角色的有效履行，都必须依赖于坚实、准确、可靠的财务数据。财务分析人员和 CFO 们，要理解数据生成逻辑，不能仅单纯地关注'数据的准确性'。我们既要见树木，也要见森林。"

本章小结

华为自 2007 年开始启动 IFS 变革，"八年磨一剑"，待刀剑出鞘，华为财务已由"相对落后"一跃成为"行业领先"。任正非曾在 2016 年华为的一次重要会议上说："我们的财务管理已达到行业领先水平，结束了区域站点存货无法盘点的历史，中心仓存货的账实准确率达到 99.89%，站点存货的账实一致率达到 98.17%。"

可见，华为 IFS 变革打通了业财融合的"任督二脉"，开启了华为财务新征程。

💡 **拓展思考**

请从业财融合的视角，分析你所接触的企业流程及流程数据问题，并思考问题的解决方案。

第 4 章

业财融合的流程重塑及
财务 BP 价值发挥

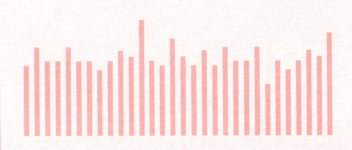

本章选择了几个典型的业务流程，详细介绍相应流程如何通过变革实现业财融合。CFO 一手"抓经营"，一手"控风险"，财务 BP 在典型流程场景中，要从这两个视角切入业务活动，在业务过程中发挥价值。

💡 **阅前思考**

当前你所在的岗位及接触的相关流程中，财务发挥了哪些价值？请分别从财务与业务需求两个视角，思考财务需要进一步发挥哪些价值，才能成为业务的战略合作伙伴。

本章在承接第 3 章流程问题分析及华为 IFS 流程变革介绍的基础上，将进一步以 IFS 变革项目群中的子项目及 IPD 流程变革为例，分别从几个主要业务领域，详细介绍如何解决业财融合中的相关问题，以及财务在业务流程中应发挥的价值。

- OTC 流程变革。OTC 是华为 IFS 变革的主要流程之一，通过 OTC 流程变革，华为在销售、交付领域打通了业财融合的通道，使华为财务从旁观者、建议者转型为过程参与者、价值整合者，甚至是决策者。

- 项目"四算"（概算、预算、核算、决算）与财务解决方案。项目"四算"与财务解决方案是财务在销售与交付项目中价值发挥的重要"抓手"，通过项目"四算"流程和财务解决方案的梳理，为财务的价值发挥提供工具和方法。

- IPD 流程变革。IPD 流程是华为面向市场创新的主流程。华为在 1999 年启动 IPD 流程变革，IFS 变革启动前，该流程变革已经完成，并且取得了较好的效果，因此，IPD 不属于 IFS 变革项目群子项目。本章之所以把 IPD 流程变革作为重点内容介绍，一方面，考虑到研发是企业的重要业务领域；另一方面，考虑到 IPD 流程变革具有较强的业财融合参考价值。

● **PTP 流程变革**。从风控视角，PTP 流程属于商业行为准则遵从的高风险流程之一，本章对该流程的介绍，重点侧重于财务在内控与风险管理中的价值发挥。

4.1　OTC 流程变革，打通业财融合的"任督二脉"

企业的财务问题不一定出在财务部门，相关部门的工作也会对企业的整体财务状况产生影响，如客户选择、合同设计、交付进度和质量等都会直接影响企业的财务结果（回款、收入及成本确认等）。

以下这个令人尴尬的场景，出现在华为 IFS 变革之前：

华为某区域市场正在运作一个重大销售项目，财务主管"好奇"地问客户经理："我听说你们在'打'一个重大项目，进展怎么样了？"

客户经理回答："这个项目属于机密，请原谅我不能说！"

那么，财务什么时候才能了解项目的进展情况呢？或许等到项目出现问题，发票开不了、款回不来、客户"不好说话"时，客户经理才会着急地对财务主管说："客户那边的财务部门有 ×× 要求，现在款项催不回来，您能不能从财务专业的角度帮忙想想办法？"

这时财务主管可能会无奈地摇摇头说："你们合同上写明了项目要进展到什么程度、什么条件下才能开票回款，现在'生米已煮成熟饭'，我也没有办法。"

如果套用"二八原则"，项目 80% 的风险往往在企业决定与客户做生意、签合同时就已经产生了。任正非曾表示，货款回收是全流程的责任，因为货款回收不仅是销售的末端环节，更是全流程矛盾的集中点。合同签订的付款方式，以及设备的交付、工程安装与验收等任何环节出现问题，都会直接影响货款的回收。因此，当财务无法参与业务前端流程时，一旦"生米煮成熟饭"，财务对项目的回款风险是无能为力的。CFO 对回款结果负责，就不能只在财务的一亩三分地里打转使力，而必须打通流程，实现业财融合，甚至更进一步，与客户的流程相融合。

通过 OTC 流程变革，华为实现了 OTC 流程端到端的打通（业财融合），透明可视。OTC 流程变革使华为的应收账款回收期大幅改善，甚至超越了当初行业标杆爱立信的应收账款回收期水平。有人做过测算，华为应收账款回收期每改进一天，可以为公司带来约 1 亿元的利润。

华为 OTC 流程变革基于 IFS 变革项目群"加速现金流入，准确确认收入；项目损益可见，经营风险可控"的使命，采用正向与逆向相结合的模式，端到端打通了流程。在方法论上，华为 OTC 流程变革总结如下。

- 力出一孔，明确统一的流程目标。
- 正向：瞄准影响合同交付、回款的源头（改善合同质量）。

● 逆向：以开票为牵引，打通 PO（采购订单）管理全流程。

1. 力出一孔，明确统一的流程目标

华为 OTC 流程变革前存在计划不通、目标不通、各自为战等问题。在介绍华为 OTC 流程变革之前，我们先来分析一个场景：

> 某电信运营商要在 A 市建设电信网络，假设把该项目缩小到三个区域，每个区域需要新建 100 个站点。交付部门拿到任务后，制订交付计划。一年后，三个区域分别完成了 99 个站点的交付，目标完成率 99%，对于这种情况，财务是开不了票的，因为合同签订的回款单元是"区"，即一个区域的 100 个站点全部交付完成，客户才能验收付款。因此，即使每个区域只剩 1 个站点没有完成建设，回款也是零。最终结果是，交付部门欢天喜地，考核满分；财务部门却哭丧着脸，考核零分；公司也未获得任何财务收益。

针对以上场景，我们需要思考一个问题：交付的目的是什么？这是一个简单而又常常被忽视的问题。

华为 OTC 流程变革前，交付的主要考核目标是进度、质量、客户满意度，结果是我们让客户满意了，却忘记了公司的商业目标，最终导致公司的许多项目亏损，应收账款周转期长，现金流紧张。交付的目的是开出可回款的票据，开不了票，回不了款，交付投入就是"做义工"。

在华为，"开票"是指依据合同，开具客户认可的发票。一旦完成开票，就标志着客户正式认可华为的交付完成，即从法律上明确了客户付款责任的形成，同时意味着与华为方责任相关的回款障碍已全部解决。

同时，华为还进一步明确了交付项目经理的职责，使流程瞄准一个共同的目标"开票与回款"：

> 交付项目经理必须以合同中约定的交付单元、开票计划为依据，制订交付计划，按约履行交付并及时触发开票。有效触发开票是交付项目经理重要的责任，也是评价其工作的重要指标。只有交付完成并及时开具了客户认可的发票，才算有效履行了交付项目经理的工作职责。

经过 OTC 流程变革，华为树立了交付部门的经营意识，并通过改变交付部门及前端销售部门的考核指标，使全流程各环节目标相一致，大幅提升了华为应收账款的周转效率。

2. 正向：瞄准影响合同交付、回款的源头（改善合同质量）

财务与合同条款质量改善的关系，可以分为以下五个层次。

第一层，财务部门以核算、记录为主，其不关心也没有能力关心合同质量的改善，认为这是业务部门的责任。

第二层，财务部门发现合同质量会影响财务结果（回款、收入/成本确认等），并向业务部门反馈，建议其改进。这时财务部门是建议者，也是旁观者。

第三层，财务部门介入合同评审，对合同中与财务相关的条款进行评审、把关。这时财务部门从建议者、旁观者转变为监督者。

第四层，财务参与合同条款的设计与评审。这时财务部门从监督者转变为过程参与者。

第五层，财务部门与业务部门一起，共同参与客户的沟通与合同谈判，并对财务解决方案落地负责。这时，财务部门从参与者进一步转变为对结果负责的责任人。

当前业界大部分企业的财务部门都处于第二层和第三层。华为在 IFS 变革之前，财务部门的状况与之类似，IFS 变革使财务部门参与到合同条款的设计中，再通过后续多年实践，当前已经发展到第五层。本书第 2 章在介绍 CFO 职责时，已经提到 CFO 要对经营结果负责。对经营结果负责，就必须从交易的源头介入，即对合同财务解决方案相关的条款落地负责。

3. 逆向：以开票为牵引，打通 PO（采购订单）管理全流程

华为 OTC 流程变革前，其管理流程存在一些问题，如"诸侯割据"、流程语言不通、标准不通，以及内外不通（公司内部履行的 PO 与客户维度的 PO 不一致），OTC 流程变革帮助华为打通了 PO 管理全流程，具体如下所述。

问题 1："诸侯割据"、语言不通、标准不通。

古时秦统一六国之前，六国之间虽有贸易往来，互通有无，但从西边的秦国到东边的齐国，需要倒验多次关文，换多辆马车，还得带上各国伙伴、各国翻译，效率极低。秦统一六国后，在行政统一的基础上，首要任务便是统一文

字、统一货币、统一度量衡、统一车辙，从而使全国行政、贸易等效率得到大幅提升。

华为不存在行政统一问题，但存在流程统一打通等问题。华为 IFS 变革之前，OTC 流程相关部门会按照自己的流程语言、定义、标准及需求进行工作。例如，对于合同，各部门就有不同的定义，销售部门讲的合同，往往是与客户签订的文本，合同标的可能是一个即刻可以执行且交付的项目，也可能只是一个合作意向；交付部门讲的合同，往往是客户下的一个个采购订单，这些订单可以当作一个项目执行，也可以拆分成多个项目执行；采购部门讲的合同，则是与供应商签订的文本。那么，财务部门是如何定义合同的呢？

其实，如何定义合同只是一个表象问题，其背后真正反映出的是一个企业及相关部门的管理维度、管理颗粒度问题。如果对合同定义不清，企业各部门的管理维度、管理颗粒度可能无法统一，这必然会影响财务开票及回款结果。这种情况下，财务在开票及做收入成本核算时，就必须从海量的采购订单中厘清各种对应关系，从而导致财务效率低下，出现少开票、漏开票等现象，收入成本不匹配等乱象频出。

我曾在 2005 年参与华为 AR（account receivable，应收账款）变革，主要负责 AR 变革在某海外地区部的推行工作。推行的第一步就遇到了困难，来自各个部门的信息、数据对应混乱，我们花了两个多月的时间才把应收账款数据梳理清楚。在我们拜访某位客户，与其讨论后续对账事宜时，客户第一句话就说："你们公司很奇怪，我们欠了你们公司 36 万美元，而且很长时间了，怎么没人开票要钱呢？"（这位客户的话让我感到十分惊讶，即使时隔多年，我依然清楚地记得"36 万美元"这笔金额。）

那么，究竟应该如何统一流程语言、统一流程管理颗粒度？华为 OTC 流程变革中的一个子模块"PO 打通"，解决了这个问题。

第一，通过"PO 打通"，找到能够贯穿和打通全流程的开票、交付单元。例如，电信网络建设是以单个项目的方式进行管理的，项目实施启动后，由客户向供应商下采购订单，供应商依据采购订单进行施工交付。所以，采购订单是供应商采购、制造、交付、开票的依据，贯穿从销售到回款的全流程。

第二，如前所述，流程各环节语言不统一，会导致管理颗粒度不统一，例如，交付为了简化管理，将采购订单打包，这就会导致验收、开票周期延长及对应关系混乱等。因此，华为需要通过"PO 打通"统一语言、统一流程管理颗粒度。

虽然交付内容千变万化，但"PO 打通"可以作为交付单元拉通 OTC 全流程，统一流程管理语言。

问题 2：内外不通（公司内部履行的 PO 与客户维度的 PO 不一致）。

公司内部履行的 PO 与客户维度的 PO 不一致，会使客户维度的 PO 信息在公司内部履行缺失。内（公司内部）外（客户）不通，通常会导致开出的发票被客户拒收或退票。

许多企业的流程设计往往以自我为中心，而忽视了客户的需求。PO 打通，不只是打通公司内部流程，更要延伸至客户端。华为以客户为中心，客户需求才是流程的起点，在与客户 PO 打通的基础上，华为进一步实现了 OTC 流程与客户 PTP 流程对接。其中，市场财经（负责回款）是华为财务与客户财务对接的一座重要桥梁。

OTC 流程打通的同时，还必须用 IT 系统承载，并使 IT 能够自动化、集成化地处理 PO，从而使流程效率得到大幅提升。以下是当时的 IFS 项目经理孟晚舟在 IFS 落幕之际对 OTC 流程打通效果的总结和评价：

> "针对'机会点到回款'业务流上的经营痛点，IFS 形成了'面向客户合同 /PO，打通回款、收入、项目与核算'的解决方案，根治了困扰公司多年的'肠梗阻'，使得交易流程与财务流程有效集成，明确了作业要求，提升了数据质量。近几年，公司经营效率的持续提升，离不开组织间的高效协同运作。"

4.2　掌握项目"四算"与财务解决方案，向"项目 CFO"跃升

华为组织战略转型，由以功能部门为中心转变为以项目为中心。财务支撑公司组织战略转型，相应地也把组织建在"听得见炮声"的前沿阵地，深入到业务最小作战单元，即"项目"的全流程运作中。项目责任人、项目总监、项目经理及项目财务共同对项目经营负责，代表处 / 地区部 CFO 则逐渐成为销售决策团队成员。这就让华为从组织上打通了业财融合通道。

1. 项目"四算"与财务解决方案的作用

本章"4.1"重点阐述了 OTC 流程变革，该变革从销售机会点到回款，全流程打通了业财融合的通道，财务可以参与到销售、交付等业务活动过程中。

OTC 流程变革如同搭建了一个舞台，舞台搭建好后，接下来该演员（项目"四算"）登场，充分发挥自身价值了。

项目"四算"是 IFS 变革项目群中的另一个子项目。项目"四算"与财务解决方案是财务在销售与交付项目中价值发挥的重要"抓手"，项目"四算"流程变革以及与之配套的财务解决方案，为财务在销售与交付项目中的价值发挥提供了工具和方法。

任正非曾说："核算是'战争'的指挥权！"这里的"核算"并非狭义的会计记账，对应到项目中，包含了项目的概算、预算、核算、决算，即项目"四算"。华为对项目"四算"的重视程度非常高，项目财务在高峰时期曾有1 700 人。

IFS 变革之前，曾有一个项目的负责人向任正非汇报，最初说该项目亏损了 5 000 万美元（概算数据），过一段时间说亏损了 3 000 万美元，再过一段时间说该项目不亏损。我们不要认为从亏损 5 000 万美元到亏损 3 000 万美元再到不亏损，是件令人高兴的事情，试想，如果一个实际结果并不亏损的项目，在概算时告诉决策者可能会亏损 5 000 万美元，决策者该如何做决策？很可能会导致重大的决策失误，如该项目被否决。因此，任正非认为华为在财务管理上还有很大的改进空间，项目为什么不能盈利，是项目 CEO "财大马虎"，根本没好好算过账！

2. 项目"四算"在项目经营中的定位与关系

在了解项目"四算"之前，我们需要先弄清楚两个概念：概算与决算。这两个概念在实务中经常被混淆。所谓概算，是指在项目投标阶段根据项目范围、规划、产品与服务解决方案等进行的项目损益、现金流测算，所以，有些企业也称之为"测算"。所谓决算，是指项目关闭之前对项目进行的最后一次核算和总结。这里要注意一点，决算不等同于工程结算，工程结算通常是施工单位做的，它是施工单位向建设单位（业主）申请工程款的依据。

图 4-1 展示的是项目"四算"在项目经营中的定位与关系。

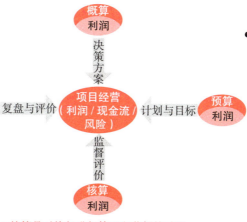

图 4-1　项目"四算"在项目经营中的定位与关系

财务围绕项目"四算"支撑项目决策，牵引投标方案优化及交付经营管理，同时通过提前设计财务解决方案，使财务解决方案在项目投标阶段便可以和其他方案，如产品解决方案、交付解决方案、商法解决方案等相融合，共同发挥价值。

3. 项目"四算"与财务解决方案的价值发挥

OTC 流程通常可以分为三个阶段，即机会点阶段（项目的前端输入）、项目获取阶段（项目投标／谈判／签合同）、项目经营阶段（项目交付与回款）。以下我们重点分析项目"四算"与财务解决方案在这三个阶段中的价值发挥。

阶段一，机会点阶段（项目的前端输入）

在机会点阶段，财务可以通过客户价值分析与管理，以及财务视角与业务视角互补发挥价值。对于业财融合发展较慢的企业或团队，由于业务人员不懂财务，因此财务视角往往是业务的"盲区"。

（1）从客户战略规划、预算及财报等分析中发现客户需求与痛点

企业 CFO 通过与客户 CFO 沟通，可以了解客户的财务战略规划与投资预算，并通过宏观经济分析、客户财报与经营情况分析等，从中发现客户需求与痛点。这是构成销售机会点的重要来源之一。

华为曾开展过"读客户，讲客户"活动，让财务人员从客户财报视角看客户的发展战略，例如，通过资产负债表看客户资源配置战略，通过利润表看客户多元化及产品发展战略、成本战略，通过现金流量表看客户的投融资战略等。财报可以展现出客户的发展能力、盈利能力、偿债能力、资产运营能力

（资产周转效率）等，财务人员通过对客户的财报进行分析，可以从中发现客户的一些经营风险、痛点及需求。我当年所在的区域财务团队，就通过财报分析提前发现了客户潜在的网络改造等需求。

（2）客户信用分析及交易策略制定

有人认为应收账款风险在合同签订时就已经存在了，再往前看，应收账款风险可以追溯到企业决定跟客户做生意的瞬间。客户信用是支撑企业是否与客户做生意，以及采用何种交易模式的重要决策依据，如果跟一家信用不好甚至即将倒闭的公司做生意，风险不言而喻。

道理虽然简单，但实务中很多企业的财务却并没有建立起客户信用管理体系。我曾跟一家收入规模高达上百亿元公司的董事长交流，当提到客户信用管理体系建设时，该董事长发出一声叹息，表示该公司要是在两年前就建立起客户信用管理体系，至少能避免损失几千万元。原来，该董事长曾感觉到某大客户可能存在经营风险，但由于公司未建立客户信用管理体系，结果还是产生了大量的坏账。对此，他无奈地说："客户风险总不能都靠我这个董事长发现并一路往下传递。"

从以上案例可以看出，有风险感知与形成系统的风险管理机制还有很大的差距。华为的 OTC 流程变革，把客户信用管理列为其中一大变革模块，变革完成后，由区域 CFO 总体负责所在区域的客户信用管理，信用自然也就成为项目投标财务解决方案的要素之一。

（3）预算牵引客户资源的分配

华为对客户资源的管理策略是"优质资源向优质客户倾斜"，该策略需要通过战略规划及年度预算落地。

首先，什么是优质客户？一个企业 80% 的价值创造可能来自 20% 的客户，这 20% 的客户就是优质客户。价值贡献往往体现在财务指标上，如对企业规模增长的贡献、对盈利的贡献、对现金流的贡献等。CFO 通过财务指标识别和管理优质客户。

其次，预算是 CFO 对经营管理价值发挥的重要"抓手"，而预算的价值之一便是牵引企业的资源分配。CFO 在识别优质客户的基础上，可以通过预算规则的建立和实施，牵引资源向优质客户倾斜。

阶段二，项目获取阶段（项目投标 / 谈判 / 签合同）

在项目获取阶段，财务主要通过项目"四算"之概算与财务解决方案设计发挥其价值贡献。项目利润是"打"出来，也是设计出来的，项目风险也需要在交易设计阶段重点识别并形成解决方案。

（1）概算

概算是设计项目利润的过程。这里要注意一点，概算是"设计"利润而不是"计算"利润，财务不能只针对业务计划加加减减。项目财务，即 PFC 最后这个字母"C"（controller，控制人），便是该角色的核心职能体现。

一方面，项目财务作为项目的财务控制人，通过概算以及目标诉求牵引投标方案设计及优化。我曾碰到过一个项目，初版概算显示项目亏损严重，于是项目财务对概算进行了详细分析，并通过与历史基线以及周边国家的项目基线比较，推动业务方案优化、降成本，最终概算显示项目是盈利的。当然，概算改进不能只是数据上的改进，还必须落实到业务规划及后续的预算考核中。

另一方面，通过概算，项目财务可以牵引项目风险识别、风险量化、风险应对策略与方案。市场部门为了拿到项目，通常以"冲锋"为导向，因此风险意识不强。而项目财务作为项目的财务控制人，必须在风险识别和管理方面发挥出价值。

项目财务从经营效益与风险两个维度，通过概算牵引业务方案优化，以及支撑合同决策。

（2）财务解决方案设计

项目财务除了通过概算牵引业务方案优化，还有一个重要职责，即设计财务解决方案。售前财务解决方案与产品解决方案、交付解决方案、商法解决方案等相融合，可以形成项目综合解决方案，促进交易质量提升。

项目财务以概算和财务解决方案为"抓手"，融入项目投标活动中，可以实现从源头把控项目盈利和风险。

实战案例： CFO 通过价值整合，优化交易方案，促进交易达成。

场景： 某项目投标，关键角色开会讨论公司与客户的交易策略。

客户经理介绍基本情况："这个项目竞争激烈，除了我们公司（子公司），还有几家友商参与竞标，其中包括 A 友商，从技术方案上，我们公司略占优势，但 A 友商也想通过该项目实现突破，因此其很可能会不惜牺牲利润，采取低价竞争策略。这会对我们构成较大竞争压力。"

销售副总说："发起该项目的客户近几年发展态势较好，我们无论如何必须稳住格局。从以往我们与客户的合作关系来看，只要 A

友商的报价低得不是太离谱，我们的报价只要做到不亏损即可。因此，我建议财务进一步测算一下报价多少可以做到盈亏平衡。"

CFO 说："该客户（公司）前几年刚成立，近几年确实发展很快，处于快速成长与扩张阶段。从同类几家客户的财报对比来看，该客户的市场份额增长最快，抢占了其他客户的许多市场份额，未来发展前景确实很好。但通过分析该客户近几年的财报，我们也发现该客户因为扩张太快，投资大，投资回收周期长，当前现金流已经难以支撑其进一步的扩张。所以，我们可以针对这种情况想想办法。由于客户正处于快速成长期，因此市场预期向好，股价一直攀升，这是快速成长期企业的共同特点。处于这个发展阶段的企业，市场更看重其未来的持续成长预期，对短期是否盈利不是特别关心。近几年，该客户采取的正是低盈利的快速增长策略，相较于供应商低报的采购价格，他们对能够维持扩张所需的现金流更有需求。因此，基于客户的痛点和需求，我建议不要把采购价格打得太低，要尽量维持当前报价，但可以给予客户更长的应收账款赊期，或者帮助客户融资，缓解其当前资金压力。这是我从客户需求的角度进行的分析。"

接着，CFO 展示了子公司的经营情况，然后继续说："我也分析了我们子公司的经营情况，近期由于市场竞争压力加大，前期签订的几个项目的盈利均有所下滑，根据当前预测，我们今年利润指标完成的压力非常大。另外，我们前两个项目收到了较多的预付款（本币），需要较长时间才能消耗掉，但当前我们子公司所在国家的本币在贬值。因此，从子公司的经营现状来看，我们也不应该低报价格。"

子公司 CEO 听了 CFO 的分析后，原本紧锁的眉头舒展开来，甚至略带点兴奋地说："这个建议不错，既能维持价格不受冲击，又能解决客户痛点，满足客户需求，做到与客户之间的双赢！大家意见如何？"

最终，大家都觉得 CFO 的提议不错。后来经过多方面努力，在产品解决方案、交付解决方案、财务解决方案综合最优的情况下，项目落地。

在以上案例中，CFO 结合客户经营痛点和需求（资金需求）、宏观经济形势（本币贬值）、自身经营优劣势（现金流充足但盈利下滑）等多方面信息做出了分析与价值整合，使综合解决方案最优，发挥出了财务在售前投标阶段的最大价值。

阶段三，项目经营阶段（项目交付与回款）

在项目经营阶段，财务主要通过项目"四算"中的预算、核算、决算，以及财务解决方案的执行发挥其价值贡献。预算、核算是管理增收节支的过程，决算是传承经验的过程。

（1）项目预算与资源配置

项目预算是基于项目概算，根据合同确定的交付承诺，结合交付计划和基线对项目执行周期内的收入、成本、现金流设定财务基准。

- 为保障概算落地，预算必须承接概算，出现重大偏差时需要查找和分析原因。
- 项目预算是项目经营考核与激励的依据。
- 项目预算的制定过程，也是项目经营目标（收入目标、成本目标、盈利目标、资产运营效率目标、风险管控目标等）的制定与分解过程。
- 项目预算牵引项目资源配置，通过预算支撑项目"呼唤炮火"。

华为"用兵"与"养兵"分离，项目"用兵"但不养兵。华为把项目经营权下放到一线，从而改变了传统资源自上而下的配置模式。一线具有充分的作战指挥权，项目通过"呼唤炮火"获得资源，但谁"呼唤炮火"就由谁承担成本，形成责（对经营结果负责）权（呼唤炮火的权力）制衡机制。

在这种作战机制下，预算至关重要，它决定了项目需要配置多少资源，预算需要在项目收益、成本、考核与激励之间取得平衡。通过一线"呼唤炮火"的自我预算管理机制，华为很好地解决了困扰已久的"会哭的孩子有奶喝"的项目资源管理难题。

项目预算在项目经营与考核激励中发挥重要作用，项目财务在预算过程中不只负责数据集成，还应该发挥控制者的作用。

（2）项目核算、过程执行与监控

① 项目核算。项目预算授予了项目呼唤"炮火"、资源配置的权力，项目核算则负责监控"炮火"的有效使用。

华为向一线充分授权，但权力必须受约束、受监控。任正非认为"核算是管理进步的重要标志"，华为对核算的定位不仅仅是服务，也是监督，用核算来监督授权。下面是任正非的一段讲话，其很形象地解读了授权与财务核算监督的关系：

　　"比如说，我们的仗打完了，（财务）数一数炮弹壳，到底打出多少炮弹、发了多少炮弹，这就是监管体系……占领一个小小的山头，假如只需 101 发炮弹，这次却打出 3 000 发炮弹，这个数据是否合理，财务就要揭示风险。（业务）是否真的打了 3 000 发炮弹才攻下山头呢？如果财务看到旁边确实有 3 000 个弹壳，那么我们认为这件事情是合规的、合理的，财务就可以进行核销；但是，如果财务在数炮弹壳时发现只有500 发，那么财务就要停止核销，先要调查剩下的 2 500 发炮弹壳到哪里去了。多问几个为什么，把数据弄清楚后再核销，这就是我们的监管责任。"

②过程执行与监控。项目财务在项目执行过程中承担以下两方面职责。

其一，作为财务在项目中的代表，项目财务负责财务解决方案的落地执行。

其二，作为项目的财务控制人，项目财务通过运用财务工具和方法，监督项目整体经营进展及风险闭环情况。常用的财务工具如下。

- 滚动预测。项目预算一旦签发，如果没有发生重大变化，一般不会轻易调整。通过组织项目滚动（按月）预测，项目财务可以不断看清项目未来的发展，从而恰当调整业务计划和资源配置。

- 经营分析。项目财务基于滚动预测、阶段核算的结果，开展经营分析，不断发现差距、问题和机会，组织经营方案优化，并跟踪方案落实。华为通过项目"一报（经营分析报告）一会（经营分析会议）"的推行，使项目经营管理规范化。

- 风险闭环管理。项目财务负责跟踪概算、预算风险假设执行与闭环，确保项目执行过程中的风险敞口在可接受范围内。

- 成本度量与评估。项目成本改进措施达成的效果，在很多场景下无法通过核算进行评价，例如，成本核算无法算出基站站点安装、天线调测等业务改进的效果。因此，项目成本改进往往采用统计、度量与评估的方式进行，如一个安装站点以前用多少人天（一个人一天的工作量），优化改进后减少了多少人天。

（3）项目决算与考核评价

项目决算是一项很重要但又容易被忽视的工作。因为新项目不断产生，很多人都希望去新项目中"建功立业"，而不愿意留在原项目中做一些总结复盘工作。

下面是任正非在华为市场部内部竞聘现场答辩会上的一段讲话，从中可以看出，任总是非常重视总结复盘工作的：

"现在给你一把丝线，你是不能把鱼给抓住的。你一定要将这把丝线结成网，这种网会有一个个网点。人生就是通过不断地总结，形成一个一个的网点，进而结成一张大网。如果你不善于归纳总结，就会像猴子掰苞谷一样，掰一个，丢一个，你最终将没有一点收获。大家平时要多记笔记、多写总结，不想进步的人是不会这么做的……如果你不善于归纳总结，你就不能前进。如果没有平时的归纳总结，结成这种思维的网，就无法解决随时出现的问题。不归纳你就不能前进，不前进你就不能上台阶。人是一步步前进的，你只要一小步、一小步地走，过几年当你回首过去，总结经验时，你就会发现自己前进了一大步。"

项目决算不仅是对项目的总结、评价，也是对信息资产的刷新。通过项目的执行，很多历史基线可能已经被刷新。例如，通过项目成本改进方案的实施，刷新了成本基线，在后续投标及成本目标设计时，成本可以站在新的"起跑线"上奔跑。反之，如果没有项目决算，项目财务不对项目进行总结和评价，将会对后续的投标及经营管理产生误导。

项目财务必须重视决算，并推动项目关键"扫尾"活动的完成，否则，可能会因为项目经营指标不准确而影响项目的整体评价结果和激励效果，甚至在应收账款回收、资产再利用等方面给企业造成经济损失。

总之，经验总结、项目评价、基线刷新、资产保全等是项目财务在项目关闭与决算中的主要价值贡献。掌握项目"四算"与财务解决方案的运用与价值发挥，将有助于项目财务向项目 CFO 跃升。

4.3　IPD 流程变革，财务从"管费用"向"管研发投资"演进

如果用"肠梗阻"来形容华为 IFS 变革前销售 / 交付项目流程中财务与业务流程的关系（流程不通），那么对于财务与研发流程的关系，就可以用"窥豹一斑"来形容。原因在于，IPD 流程变革之前，华为财务在研发流程中只能对研发费用进行管理。

1. IPD 流程变革前华为普遍存在的问题

IPD 流程变革是华为最早引入集成流程变革理念的，IPD 集成了研发、市场、制造、采购、交付、财务等功能领域，一起参与产品的开发。从财务视角看，IPD 流程变革充分体现了业财融合。

华为 IPD 流程变革始于 1999 年初，在此之前，华为的业务流程与当今业界很多企业的流程现状类似，即部门与部门之间各自为政，流程带有浓重的部门色彩。IPD 在研发流程领域很好地解决了这个难题，但在其他领域，直至2008 年 IFS 变革之前，各自为政的现象依然普遍存在。

以下是我在华为任职时亲身经历过的一件事，可以形象地说明当时的流程弊端。

2006 年，我负责在区域推行 AP（account payable，应付账款）行政采购流程，有一位地区部行政主管对此较为抗拒。由于涉及财务在该流程中的服务与监控，于是我们推行组拿出了由纪平［当时

华为财务的最高领导，也是公司 EMT（经营管理团队）成员］签发的相关文件。这位行政主管却说："纪总是你们财务部的领导，这个文件上没有我们市场部领导的签字，我们不执行。"一番话让我们哭笑不得，无奈之下，我们推行组只能找到地区部财务总监，凭借其个人在地区部的地位和权威才把该流程落实下去。

IPD 流程在华为成功落地，其后的 ISC、IFS 等都充分体现了集成的特点。

业财融合，"融"的前提是"通"，只有业财流程打通，才有可能实现两者之间更深层次、更高境界的"融合"。那么，IPD 流程变革是如何实现业财流程打通的呢？看到这个问题，让我想起了我的一段经历：

　　我曾受邀为某公司做财务组织能力转型培训。培训前，我与该公司的相关负责人沟通培训大纲。该负责人说："关于 IPD 的相关内容不用讲了，我们公司在三年前就已经完成了 IPD 流程变革。"于是，我把这部分内容从培训大纲中删除了。

　　后来在培训的互动问答环节，有位产品研发团队的财务代表向我提问："老师，请问在产品研发环节，财务人员应该做什么？我是研发财务代表，说是代表，基本上就是忙于给业务提供各种数据、加工各种报表，对此我很困惑，感觉财务在这块业务中没有太大价值，作为财务代表，难道我的工作就只是为业务提供基础报表和数据吗？"

凭借多年的经验，我很快猜到了原因，于是故意问："你们公司 IPD 流程变革时，财务人员有没有参与？"

财务代表说："没有参与，IPD 流程变革不是针对研发的流程变革吗？为什么需要财务人员的参与？"其他人对此也表示认同。

财务没有参与 IPD 流程变革，这就是问题的根源所在。我说："以华为为例，华为当前产品线的财务人员有几百人，这几百个财务人员怎么可能天天只给业务提供基础财务数据呢？而且随着数字化的进一步发展，基础数据、财务报表提取与加工，几乎可以做到'一键'生成，如果只提供基础数据，那这几百人岂不是要集体失业了吗？"学员们听后面面相觑。

华为的 IPD 流程变革与上述公司不一样，变革初期，我和当时的一位财务同事就有幸成为华为 IPD 流程变革第一批核心组的成员，作为财务部门派出的代表参与该流程变革。核心组还有分别来自研发、市场、制造、采购、交付等职能部门的代表，可见华为的 IPD 流程从一开始便打破了部门"山头"，把"研发部门的研发"变成了"公司的研发"，并将财务人员融入产品研发团队，成为产品研发团队的核心成员之一。

我在华为工作期间，正好赶上华为管理变革的"万里长征"，参与了大大小小多项变革，除了财务主导的变革，如 IFS 变革，也包括业务主导的变革，如 IPD 流程变革。我从中得出一些感悟，想要和学员们分享，于是继续说："对于业务主导的重要变革，建议财务一定要主动'伸手'、主动参与。变革发起者也许不知道财务在其中能发挥价值，于是把财务忽视了，这就会导致一种结果，即业务信息和数据流转到财务，财务不知道怎么处理，或者说处理效率低下，甚至根本无法处理。这时也许财务人员会说，'当初 IPD 流程变革时没有让财务参与，因此不是财务的责任。'而业务人员可能会说，'抱歉，我们当时也不知道需要财务参与。'事到如今，怎么办？业务也很无奈，因为他们不可能再重新发起一次 IPD 流程变革。"

业财融合的实现，需要财务走出"象牙塔"，主动参与公司重大流程变革，与业务一起设计流程。这样设计出来的流程，从一"出生"就带有业财融合的"胎记"。

2. IPD 流程变革的核心点

华为在 IPD 流程变革之前，设有研发财务处，用以支撑研发的业务运作，但当时研发财务处的职责仅局限于研发费用的管理。IPD 流程变革促使产品线财务职能转型，财务也朝着 IPD 流程的业财融合方向大步前行，迈上了一个新台阶。华为 IPD 流程变革主要有以下两大核心点。

IPD 流程变革核心点之一，便是前面提到的把"研发部门的研发"变成了"公司的研发"，于是，财务代表由研发"外围"支撑人员变成了产品开发团队的核心成员。对产品开发团队财务代表的管理模式，也由变革之前的财务体系垂直管理转变为财务体系、产品线的矩阵管理模式，财务代表同时向上级 CFO、产品线相应层级的"司令官"双向汇报。财务代表已不只是"财务的人"，也是"产品线的人"。

IPD 流程变革核心点之二，是将产品研发作为投资进行管理，由变革前的追求技术成功转变为追求商业成功。如果产品研发以技术成功为目标，财务价值很大程度上会局限于研发费用的管理。产品研发一旦转型为以商业成功为目标，财务便可以从投资管理的角度切入，在产品全生命周期管理中发挥价值。IBM 顾问陈青茹女士曾在华为 IPD 流程变革动员大会上讲了这样一段话：

> "IPD 要从商业角度来看，其中非常大的一个方面就是财务，即财务如何与整个 IPD 相配合，财务如何去衡量项目的成本和效益。IPMT（integrated portfolio management team，集成组合管理团队）要去投资，其必须知道自身可以投资多少，也就是要知道其今天的能力究竟可以支撑多少项目，以及如何从商业的角度去考评项目。"

如果说以上讲话还只是 IPD 流程变革前夕的动员和构想，那么以下华为 IPD 第一个试点产品开发团队的总结，则大致可以看出财务参与 IPD 的价值和着眼点：

> "公司是以赢利为目的的，投资产品决策是基于项目的财务评估。以往，我们在估算产品成本、预计产品的市场销售价格、粗略估计产品的盈利状况下，就对是否投入产品开发做出决策，而规范的财务分析应该考虑的问题却被忽略了。IPD 产品开发试点，财务专业人员加入了产品开发团队，从财务方面进行了专业的项目投入产出分析，提供了全面的财务分析报告，为公司的投资决策提供了有力依据，实现了从商业角度决定产品投资取舍的根本转变。"

随着 IPD 流程及产品线的运作逐渐成熟，财务在产品线的价值贡献也越来越突出，成了业务的合作伙伴，财务职能也随之发生了较大的变化。华为曾在 2016 年发布了一项通知，内容是关于产品与解决方案财务管理部的定位与职责的，相关内容如下。

- 产品与解决方案财务管理部作为产品线总裁值得信赖的业务伙伴，共同承担投资、经营和内控管理的责任，支撑业务持续有效增长。
- 产品与解决方案财务管理部在投资管理方面的职责：
  （1）建立健全投资管理规则及与之匹配的数据报告体系；
  （2）参与 DSTE（develop strategy to execute，开发战略到执行）和 IPD 流程，输出产品投资分析报告，支撑业务投资决策；
  （3）基于公司的业务战略及财务战略，监控并促进资源正确使用，同时建立投资风险预警和上升的管理机制，促进资源的高效使用。

综上所述，IPD 流程变革的第一个核心点，为业财融合创造了条件；第二个核心点，围绕业务需求对财务管理提出了要求。财务要在业务流程中围绕业务需求发挥价值，解决财务与业务流程的割裂问题。为此，华为梳理了公司的流程架构，按业务价值流分层、分级管理，由流程责任人对全流程端到端负责，改变之前部门各自为政的传统流程弊病。

3. 产品研发相关流程的集成关系

在了解支撑 IPD 的财务流程之前，我们需要先了解 IPD 业务流程、相关的功能领域流程以及各流程之间的关系。

IPD 流程主要涉及从研发项目立项到产品上市发布的全过程，包括概念、计划、开发、验证、发布五个主要阶段。IPD 流程集成了与研发相关的各功能领域流程，财务与市场、研发、采购、制造、技术服务（交付与服务）等业务部门一样，作为功能领域流程的执行部门，共同参与、支撑业务主流程的运作，具体如图 4-2 所示。

IPD 流程聚焦于已经有立项意向及已立项的项目，对这些项目从概念、计划到执行进行管理。善于思考的读者可能会产生一个疑问，IPD 流程中的概念、计划是怎么产生的？为什么要选择这个项目立项，而不是其他项目？我也发现一些企业虽然推行了 IPD 流程变革，但它们依然把目光只聚焦在产品开发的执行上，这是对 IPD 的狭隘理解。

IPD 流程变革，不仅要解决产品开发执行的问题，还要解决产品开发需求及立项的来源问题。华为在 IPD 流程变革之后，进一步优化了 IPD 前端输入的相关流程，解决了研发需求来源、产品战略规划、产品路标规划、产品立项等问题，最终形成了需求管理流程、管理产品战略与路标流程、立项流程，这些流程与 IPD 构成了结构化的产品开发流程。产品发布上市之后，产品线依然需要对产品的生命周期负责，直到产品退市，因此，还需要产品生命周期管理流程的支撑。

华为坚持以客户为中心，客户需求导向优先于技术导向，把握住这一点，便很容易理解产品开发需求的来源问题。

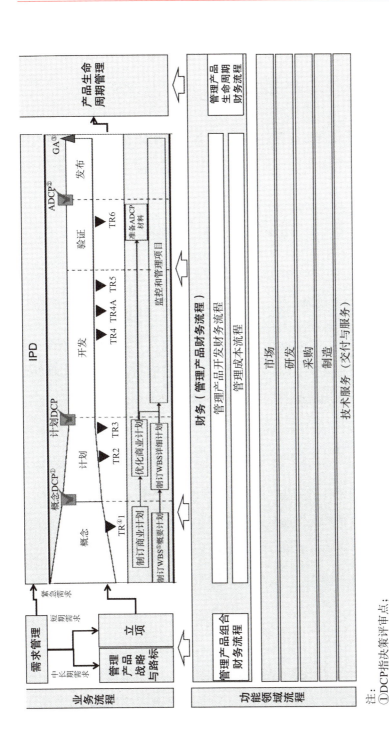

图 4-2　产品研发相关流程的集成关系

注：
①DCP指决策评审点；
②ADCP指可获得性决策评审点；
③GA指产品可以批量交付给客户的时间点；
④TR指技术评审点；
⑤WBS指工作分解结构。

IPD 流程关注按既定计划和目标把产品开发出来，并发布上市，引导"正确地做事"，同时持续监控产品上市后的表现；管理产品战略与路标、立项流程则关注投资方向，引导"做正确的事"，输出产品系列战略规划／年度商业计划、产品开发路标、项目商业计划书；需求管理则从商业机会到商业变现，对内外部需求进行过程管理。

那么，财务作为产品开发的功能领域之一，财务流程如何与产品开发业务流程相融合，在开发业务流程中发挥财务的价值贡献呢？

前面提到，财务代表作为 IPD 流程变革项目的核心组成员，其重要使命便是在理解 IPD 业务流程的基础上，开发财务支撑流程。这一流程后来被定义为"管理产品财务流程"。

管理产品财务流程包含管理产品组合财务、管理产品开发财务、管理产品成本财务、管理产品生命周期财务四个子流程。管理产品财务流程支撑从产品战略规划、路标规划、产品立项、产品开发上市到产品生命周期管理全业务流程。

不同于以往各部门"各自为战"的流程开发模式，IPD 财务领域流程开发以财务代表为主导，其他相关功能领域代表共同参与，IPD 流程变革项目组集体做决策。同样，财务代表也需要参与到其他功能领域相关的流程开发中。因此可以说，华为 IPD 相关流程，充分体现了业财融合的特征。

4. 财务在 IPD 流程中的价值发挥

产品开发作为投资管理项目，为实现其商业目标，需要有高质量的财务分析支撑，因此，华为在 IPD 及其前后端流程（管理产品战略与路标、产品立项、产品生命周期管理）中，都定义了财务代表角色，并对财务活动、交付输出要求及质量做出清晰的定义。

接下来，我们聚焦管理产品财务流程，重点分析财务在 IPD 流程中的价值发挥。

（1）管理产品组合财务流程

财务在管理产品组合流程中，可以发挥以下价值：

- 在每年做产品投资战略规划时，由财务对历史投资效果（资源投入情况、产出情况、投资组合情况等）进行回溯，分析差距和问题，支撑未来的投资组合规划；
- 结合市场商业机会、投资产出贡献等进行产品投资组合排序，分产品以及按照产品最佳组合出具投入、产出报告；
- 分配与平衡产品间的资源。

当前，不少企业在资源分配方面都存在一些"乱局"，如资源分配"拍脑袋"，下级"装可怜"或者"要挟"上级组织要资源等。企业要想跳出这些资源分配"乱局"，就需要制定产品线资源分配规则。产品线资源分配规则可由 CFO 组织制定，企业可通过该规则来平衡各产品之间的资源分配，并通过资源与产出的关联关系，牵引业务在订货、收入、盈利、现金流等方面的产出规划。

华为在研发资源"吃紧"的情况下，投资排序靠后的产品或项目可能会面临被"砍掉"或减少投资、延后投资等风险。资源分配规则的牵引，会促使各产品、项目之间为获取资源而相互竞争，努力提升产出效果。例如，公司做年度预算时，针对某产品的产出指标与目标，上下级组织之间多次沟通都难以达成共识，这时若 CFO 拿出资源配置规则，为了获得更多的研发资源，该产品相关负责人会主动提出上调产出指标与目标。

产品线之间的资源分配是研发经营管理中的一大难题，产品线 CFO 应制定符合产品发展实际情况、具有牵引业务发展效果的资源分配规则。对此，产品线 CFO 需要对以下几方面有较为深刻的理解：

- 市场与产品发展趋势；
- 企业研发投资导向与原则；
- 产品发展路标规划；
- 可投资的资源；
- 历史投入与产出基线等。

产品投资组合及路径规划获批后，就进入到具体的开发项目投资申请与执行阶段，这一阶段财务领域的支撑流程是管理产品开发财务流程。

（2）管理产品开发财务流程

IPD 流程采用分阶段评审决策管理方式，通过投资决策评审实现资源分批受控投入。商业计划书评审及 IPD 流程三个阶段（概念、计划、验证）对应三个决策评审点，分别展开项目投入产出的评估和决策。三个决策评审点包括概念决策评审点（CDCP）、计划决策评审点（PDCP）及可获得性决策评审点（ADCP）。

投资决策评审主要围绕商业目标进行评审和决策，财务则围绕投资决策评审的要求，支撑项目投资与执行各阶段的申请、评审和决策。华为副董事长、轮值董事长徐直军曾表示，IPMT 要基于商业计划做投资决策，决策时要有商业视角。

在管理产品开发财务流程中，财务人员可重点围绕以下两方面开展工作，发挥自身价值。

① 围绕产品投资的商业价值进行评估。财务人员应在商业价值评估与决策中，对项目投入产出进行分析，输出财务评估报告（包括计划阶段的初始评估报告，以及后续的 CDCP 评估报告、PDCP 评估报告、ADCP 评估报告），支撑项目商业决策。

在分阶段评审过程中，项目可能会被认定为商业价值不足或者不及预期，这时就需要项目经理对该项目的投资方案和计划进行优化。这种情况下，企业也可能会否决该项目的立项或者终止该项目的投资。

投资立项申请获得批准，企业投入研发资源后，财务需要重点关注投资商业价值与预期相比是否有所下降，产出是否低于预期，能否达成目标成本，投资预算是否存在未经批准而随意增加等情况。

② 研发费用"四算"管理。IPD 关键决策点与研发费用"四算"的关系如图 4-3 所示。

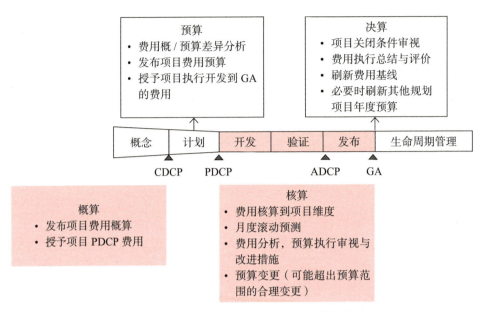

图 4-3 IPD 关键决策点与研发费用"四算"的关系

为保障研发费用预算的合理性，确保研发费用按预算执行，企业可将项目预算执行偏差率作为项目经理与财务代表的主要考核指标之一。研发费用"四算"环环相扣，财务代表应在执行过程中通过定期 / 不定期的分析、回顾以及滚动预测，确保研发费用预算可控。研发费用预算获得批准后，如后续项目执行过程发生变化，导致研发预算投入增加过多（超过一定比例或金额），出现较大偏差，则项目经理需要向相应层级管理团队提交项目预算变更申请。

这里要强调一点，项目费用预算受所在产品线年度总费用预算的约束。

（3）管理产品成本财务流程

管理产品成本财务流程涵盖了产品全生命周期的成本管理，通常包括以下四个管理阶段。

阶段一，设定、分解成本目标，并在 PDCP 评审通过后签发，列入项目考核指标。

阶段二，在开发过程中通过定期的成本预估，与业务一起找到差距，促使成本改进，保障成本目标落实。

阶段三，产品发布前的成本度量与预估，即通过小批量试验，对成本进行度量与预估。在某些场景下，研发的改进可能仅有助于交付过程中某些工序或活动效率的提升，因此单纯地依靠财务核算数据很难完成对成本改进的评估，这种情况下就需要采用统计、分析等方法进行成本度量和评估。如果成本预估与设定目标偏差太大，可能会导致研发整改、产品推迟发布，直到获得相应层级决策团队的认可。

阶段四，进入从产品发布、上市到退市的产品生命周期管理流程。

（4）管理产品生命周期财务流程

产品发布上市后，正式进入生产制造、销售与交付 / 维护阶段，相关财务职能部门（区域财务、产品线财务）负责支撑相应业务的运作。其中，区域财务是基于其所在区域全产品的整体视角开展工作的，因此很难对每一个产品都予以细致入微的关注，这时就需要产品线财务代表对产品的全生命周期财务管理负责，包括对产品上市后，该产品整体以及分解到相关的销售、制造、交付、维护等职能部门的经营诉求和管理目标负责。

产品线财务可以通过目标设立与分解、经营分析、滚动预测、财务绩效评价、财务回溯等支撑产品生命周期管理。财务代表通过回顾、分析等方法持续监控产品上市后的实际执行情况，并通过滚动预测展望未来，进行绩效评价闭环管理。流程执行过程中，财务代表如发现实际效果偏离产品发布时的预估目标，可申请启动回溯与问责程序。

综上所述，业财流程融合，其中很重要的一个标志是财务的服务与监控必须镶嵌在业务流程的关键节点上，避免流程执行被绕过而失效。IPD 流程变革使得财务与业务在组织、流程方面都能紧密结合。在组织方面，财务代表是产品开发团队的核心成员，与其他功能领域代表一起，共同支撑产品开发团队完成产品开发的全过程；在流程方面，企业通过组织投资决策评审对流程阶段性进展和结果进行监控与决策，产品投资组合财务分析、商业价值财务评估报告、研发费用"四算"、产品成本管理是流程相应环节的重要决策要素，CFO则是各层级投资评审和决策团队的主要成员，拥有投票表决权。产品上市后，财务代表对产品整个生命周期进行经营管理，直到产品退市。

4.4　PTP 流程变革，将内控融于流程之中

前面的三个流程（OTC、项目"四算"、IPD），主要介绍了财务应如何从经营管理视角切入业务，与业务结成合作伙伴。本节主要从风险与内控管理视角介绍业财融合的另一个重要流程，即 PTP（采购到付款）流程。

1. 财务从风险管理与内控视角融入业务流程

提起采购，很容易让人想到腐败、舞弊等违法违规风险。原因在于，采购业务一般涉及金额较大，场景复杂，而采购方在与供应商的交易中，又通常处

于优势地位（甲方）。关于对采购的监管，任正非曾表示，采购监管的根本目的不是让采购队伍变成一个无比纯洁的队伍，而是为了威慑，帮助公司沿着既定的政策方针和流程前行，避免因为个别人的贪婪而葬送整个公司。

虽然采购环节存在一定的腐败、舞弊等风险，PTP 内控与规范管理又是流程变革的重点之一，但绝不意味着防腐败、防舞弊是采购流程内控的核心目标。华为采购流程的内控目标是"促经营，防腐败"，"防腐败"虽然是内控目标之一，但"防腐败"并非为了监管而监管，其最终目的是保障企业的稳健经营。所以，"促经营"是华为内控的核心目标。

以下内容将围绕 PTP，重点阐述财务应如何从风险管理与内控视角融入业务流程。

传统财务服务以核算为主，主要通过对付款相关凭证（采购需求、采购合同 /PO、验收证明、结算凭证、采购发票等）的审核来监控业务的真实性、合理合法性及合规性。但财务处于流程末端，对供应商以及交易缺少过程参与和控制，对市场、商业缺乏敏感性，因此，常常会陷入"纸上谈兵"的窘境。

2004 年，华为公司成立了第一个内控管理部门（财务监控部），后续该部门的职能范围逐渐从财务管理拓展到公司全方位的内控管理，再进一步从内控管理延伸到全面风险管理，部门名称也由"财务监控部"改为"风险与内控管理部"。该部门隶属财务体系，向公司 CFO 汇报，往下各层组织内控部门的隶属关系也类似，向相应组织的 CFO 汇报。

华为财务 BP 在风险与内控管理中有两大职能定位：其一，作为财务流程的责任人，要确保企业资产安全、财务报告真实可靠；其二，作为企业风险与内控的组织者、管理者，要建立并推动风险与内控管理规范的落实，以及内控的执行与评估。

华为是一个崇尚流程运作的公司，任正非要求华为 CFO 的工作走向流程化，他认为 CFO 工作的突破口就在于建立和执行财务流程，并通过流程化、职业化方式建立和执行正确的财务流程，有效支持业务流程运作。2005 年，正逢华为公司 PTP 流程变革期，我有幸作为内控代表进入了 PTP 流程变革核心组。当时华为以 PTP 流程为"试验田"，探索内控与流程的融合（IFS 变革项目启动后，PTP 作为变革子流程被纳入 IFS 变革项目群）。

流程内控起于风险，融于流程。我曾以一副不太工整的对联来表达流程与内控的关系。

上联：没有流程，内控无落脚之地。
下联：没有内控，流程却无法落地。
横批：流程与内控两手抓，两手都要硬。

2. PTP 流程内控的设计与执行

PTP 流程内控的设计与执行，通常可以归纳为流程风险识别与评估、流程内控设计、内控责任界定、内控监督与闭环（内控检查 / 评估及结果的运用）四步。

（1）流程风险识别与评估

对于 PTP 流程内控设计，如果过于小心谨慎，往往容易出现"眉毛、胡子一把抓"，走极端的情况，从而导致 PTP 流程厚重，效率低下。我当年所在的华为公司某国代表处，共享中心就曾因一分钱工资的差异，使流程多个环节反复折腾，导致该代表处员工工资推迟发放。

企业在 PTP 流程内控设计之前，必须对采购全流程进行风险识别和评估，在评估结果的基础上，优先聚焦中高风险的管控。PTP 流程通常存在以下中高风险。

① 供应连续性风险：因自然灾害、人为破坏、系统故障等导致的采购供应中断风险。

② 采购合规风险：因采购行为违反国家法律法规和企业制度规定而面临的外部处罚、经济和信誉损失风险。

③ 采购需求真实性 / 合理性风险。

- 采购需求未经授权审批，可能因重大差错、舞弊、欺诈而导致损失的风险。
- 可能因采购计划偏差而导致的业务受影响、资源浪费、资产损失等风险。

④ 供应商选择与管理风险。

- 未对供应商建立科学 / 合理的认证、评估、执行评价程序和方法，对供应商的认证与选择过程缺乏有效的制约和监督，可能因供应商选择失误而给企业造成损失，也可能导致舞弊和欺诈风险。供

> 应商选择与管理风险主要包括供应能力风险、质量风险、价格风险、舞弊和欺诈风险等。
>
> ● 盲目签订采购合同，采购合同条款无效、不利或违约，可能造成企业违法、违约、成本/资金损失等风险。

⑤ 采购执行与验收风险：因未建立采购执行标准、审核程序和方法，以及验收程序不规范而造成的采购舞弊、资产损失等风险。

⑥ 支付安全风险：因付款申请依据不充分、不合理，相关程序不规范、不正确，以及供应商信息错误、付款方式不恰当、付款执行存在偏差等，导致的舞弊、欺诈、企业资金损失、信用受损等风险，主要包括虚假/错误供应商支付、重复支付、支付金额错误、漏支付或付款延误等风险。

（2）流程内控设计

华为在 PTP 流程变革之前的流程设计偏向于业务流转的程序与步骤描述，对内控设计考虑得较少。当前，这一问题在业界依然普遍存在，甚至有些企业把类似系统操作指引的文件当成了流程范本。本部分内容主要侧重于流程的内控设计，关于对流程的认识和理解，不做详细的描述。

流程内控设计应基于流程的风险识别与评估结果，在识别流程中高风险的基础上，将内控措施落实到流程相关环节，并通过 KCP（key control point，关键控制点）管控相关风险。

PTP 主要风险与管控措施示例

×× 公司 PTP 风险管控措施

主要风险	风险管控措施								7. 各环节流程综合风险
	流程环节								
	采购策略	供应商认证 / 选择	采购计划 / 预算	采购需求	采购执行	采购验收	付款申请 / 付款	供应商评估 / 管理	
1. 供应连续性风险	措施 1.1	措施 1.2	措施 1.3					措施 1.4	措施 7.1/ 7.2
2. 采购合规风险	措施 2.1	措施 2.2							
3. 采购需求真实性 / 合理性风险			措施 3.1	措施 3.2					
4. 供应商选择与管理风险	措施 4.1	措施 4.2						措施 4.3	
5. 采购执行与验收风险					措施 5.1	措施 5.2			
6. 支付安全风险							措施 6.1 6.2 6.3		

1. 供应连续性风险管控措施

措施 1.1：制定全球化、多元化、关键器件可替代、关键器件提前备货的采购策略及危机应急方案，应对可能产生的供应中断风险。

措施 1.2：选择有持续供应能力的供应商，建立互惠互利的长期战略合作关系；避免独家供应，尤其是关键器件，应建立供应商备份机制。

措施 1.3：建立采购计划与预算管理机制，把无规划的零时采购、紧急采购降到最低，避免因供应不足而导致临时供应中断。

措施 1.4：建立对供应商供应能力和合作关系的定期回顾与评估机制。

2. 采购合规风险管控措施

措施 2.1：建立采购合规管理制度与红线授权制度，合法合规制定采购策略。

措施 2.2：建立采购行为规范以及供应商资质管理和准入标准，制定合法合规的采购合同拟制、审核、批准程序，确保采购、供应行为以及采购合同合法合规。

3. 采购需求真实性 / 合理性风险管控措施

措施 3.1：建立采购计划及预算管控机制。

措施 3.1.1：建立采购计划管理的制度和流程，通过对计划的编制、评审与批准管控，确保计划合理、可行。

措施 3.2.2：建立采购预算编制、评审、批准及预算的使用管控、执行回顾与评估机制，确保预算合理、执行受控，并有相应的财务资源支撑预算的执行。

措施 3.2：建立采购需求的拟制、审核、批准机制，确保采购需求受采购计划与预算约束，偏离计划与预算的需求，必须按既定的特殊事项处理规则和流程执行。

4. 供应商选择与管理风险管控措施

措施 4.1：建立供应商选择策略的评审机制，确保供应商选择策略正确、合理。

措施 4.2：建立供应商认证与选择管控机制。

措施 4.2.1：制定供应商准入、认证与选择的标准、制度、流程，确保供应商认证与选择过程透明，程序与方法合理。

措施 4.2.2：建立采购价格 / 成本基线以及采购定价机制，科学合理地确定采购价格。

措施 4.2.3：建立采购合同关键要素及方案的拟制、审核、批准程序，确保采购合同的合理性与有效性。

措施 4.3：建立供应商考核、奖惩、淘汰制度，同时加强供应商资格、供应价格及质量等的动态审核。

5. 采购执行与验收风险管控措施

措施 5.1：建立采购执行管理制度、流程，通过采购执行的审核、过程跟踪、执行回顾与及时纠偏等控制方式，确保采购依据采购需求、供应商采购合同条款及相关制度流程规定执行。

措施 5.2：建立采购验收程序、方法和标准，通过验收及验收复核监控等方式确保采购数量、质量符合要求，并按规定方式及时间入库。

6. 支付安全风险管控措施

措施 6.1：明确付款申请的凭证规范，审核、审批要求，以及单据与相关信息的传递要求，通过规范程序保障采购及供应商的真实性、合理性。

措施 6.2：建立重复支付、错误支付、漏支付及延迟支付等复核、检查的程序和方法，确保支付正确、及时。

措施 6.3：建立与供应商定期对账制度、程序和方法，及时发现支付问题。

7. 各环节流程综合风险管控措施

以上内控措施，立足于流程环节的 KCP，即"点对点"的风险管控，在流程内控设计时，相关负责人还需要跳出具体的"点"，打通全流程，从整条流程"线"的视角进行内控设计。例如，关键岗位的设置必须遵从职责分离原则，因为采购舞弊、欺诈行为的产生大多与关键岗位职责不分离有关。

措施 7.1： 识别并明确流程不相容岗位职责。通常采购需求、执行、验收、付款需要做到职责分离，特殊情况下（如关键岗位人员请假等），应做好内控缺失的补救措施。另外，供应商认证与选择是采购流程的高风险环节，为减少风险的发生及提高供应商认证与选择效率，华为采用独立的采购专家团管理与运作模式。

措施 7.2： 识别流程关键岗位，并建立关键岗位人员素质要求与任职标准，以及关键岗位人员轮换机制。

通过以上示例可以看出，财务 BP 转型需要跳出财务看财务，支付安全看似是财务的责任，但若前端的业务环节内控缺失，如发生虚假采购，财务在流程末端的支付环节也很难控制风险。风险管控就像河流的污水治理，需要往前延伸到业务前端（源头）进行治理，并做好过程管控。在下游"头痛医头，脚痛医脚"，往往力不从心，效果不好。

实务中，一些企业的流程内控效果总是不尽如人意，问题主要出在两方面：其一，流程内控设计照搬其他公司的；其二，照搬《企业内部控制应用指引》，缺乏自身业务及流程特点。这两方面是造成企业内控流于形式或者存在较多疏漏的根本原因。

同一类流程风险在不同行业、不同企业中的程度可能不一样，同一企业不同场景的流程风险也可能不一样。以上示例中的 PTP 流程风险识别与内控措施，仅供企业参考，具体实践时还需要针对企业自身的业务特点进一步细分业务场景，根据业务场景进行内控设计。

华为在 PTP 流程推行初期就犯了一个错误，即不分场景地生搬硬套，例如，把生产采购流程照搬到行政采购中，导致一线出现类似"因公司推行 PTP 流程，使得代表处买不到厕纸"之类看似搞笑却又严肃的投诉。

生产采购一般采购金额大，并以集中采购为主，一些内控措施的设置，如职责分离，在生产采购中容易实现。而行政采购具有属地化特征，在业务规模不大的子公司，不具备完整而规范的供应商认证与采购执行机构，其采购模式、采购流程及内控，就需要结合业务场景特点进行客户化设计。例如，办公文具、纸巾之类的采购，多以零散采购为主，每一批采购金额并不大，因此，这类行政采购的流程与内控设计必须满足简单、快捷的业务需求。

除了立足于流程"点""线"的内控设计，构建科学合理的公司内控运作和管理体系，以及良好的内控环境是内控的基石。内控责任界定及管理闭环是内控得以落实的保障。

（3）内控责任界定

曾有学员问我："老师，我们在内控方面也建立了很多制度流程，但执行效果不好，是什么原因呢？"我回答："原因可能有多方面，你要先看看公司有没有建立相应的内控责任与责任闭环管理机制。"

以下是一个违法案例。案例中的这家公司因采购流程内控出现问题，导致采购员伪造采购付款单据，把大额资金转到自己亲戚账户，时间长达三年之久，累计涉案金额高达 1 000 多万元。

××公司设计的采购与付款流程如下。

采购流程：

步骤一，需求部门提出采购申请，打印经审批的申请单，传给采购员安排采购；

步骤二，采购员收到申请单后，联系供应商，并根据采购需求在系统中制作采购订单，然后打印经审批的采购订单，传给供应商，同时通过系统将采购订单传递给验收部门准备后续验货；

步骤三，验收部门验收实物后，在系统中确认，关闭采购订单，并打印验收单据，经主管签字审批后，传给采购员，以备启动付款流程。

付款流程：

步骤一，采购员收集供应商发票以及相关附件（采购需求审批单、采购订单、验收单据等）；

步骤二，填写采购付款申请单（内容包括申付金额、供应商账户信息、付款事项等），并提交主管审批；

步骤三，将经过审批的付款申请与相关附件提交财务部，申请支付，会计人员审核付款申请及以上相关附件，并按财务内部程序完成审核、审批及付款。

某采购员处心积虑，通过以下方式顺利将某笔采购款项转入自己亲戚的银行账户：

第一步，伪造采购需求，在系统中制作采购订单；

第二步，偷看验收人员的系统密码，并利用该密码在系统中完成验收；

第三步，模仿付款需要的相关单据及主管签字，并将付款申请单上的供应商账户填写为自己亲戚的银行账户。

上述采购员自以为做得天衣无缝，但天网恢恢，疏而不漏，该采购员最终被送上法庭，按罪论处。

流程设计是流程内控"三道防线"的第一道防线，企业 95% 的风险要在第一道防线就得到解决，而不是依赖内控（第二道防线）和审计（第三道防线）的监管。业务主管 / 流程责任人是内控的第一责任人，BC（business controller，业务控制人员）是业务主管 / 流程责任人在内控方面的管理助手。一些企业由于没有理解流程内控"三道防线"之间的职责定位与协同关系，致使 BC 在"下面"使力，而站在"前台"的业务主管 / 流程责任人却无动于衷，甚至"表面遵从，心里抵触"。这种情况下，内控很可能流于形式，致使企业内控建设与推行进展慢、效果差，甚至导致内控"流产"。

本小节前面曾用一副对联描述流程与内控的关系，即"没有流程，内控无落脚之地；没有内控，流程却无法落地"。流程是内控的载体，而内控责任机制的建设与执行却是流程与内控落地的保障，因此，我们可以在那副对联的基础上再加一句"没有责任，流程与内控都无法落地"。

华为在内控建设初期就很重视内控责任机制的建设。2007 年，任正非曾针对华为内控建设提出了自己的意见："公司要重视基本的流程制度，但最应重视的是内控体系的建设。公司除了要设立基本的流程制度，还要制定相应的问责机制。问责及处分不应只限于下面的责任人，还包括主管具体业务的高级负责人。"可以说，该意见的提出吹响了华为 IFS 内控建设的号角。

按照任正非的以上意见，主管具体业务的高级负责人需要承担内控责任，这是保障内控落地的根本。

实务中，一些企业的内控责任处理往往聚焦在内控违规当事人身上，如上面所举的某基层采购员利用公司采购流程管理漏洞，三年中陆续累计"私吞"1 000多万元供应商货款的案例。事发后，当事人（采购员）被移交司法机关"按罪论处"，但流程及相关管理人员（如流程关键控制人员、流程设计人员、相关部门主管）并没有受到相应处罚，这种现象就反映出管理责任与流程责任的双重缺位。责任缺位，会导致相关人员出现诸如"只要自己不违法、不违规，就不会被问责"之类"各人自扫门前雪"的心态。

有些企业则走向另一个极端，所有的内控问题都是"一把手"的问题，导致"一把手"责任不聚焦，甚至因为责任太多连自己的 KPI（关键绩效指标）都记不住。

为更加清晰、明确地定义内控责任，华为的内控责任分为内控管理责任和流程内控责任两大类。

- **内控管理责任。**内控管理责任主要聚焦于重大内控问题以及相似的、频繁出现的内控问题。重大内控问题往往以触碰"红线"作为标识；所辖组织、流程的内控成熟度则作为衡量内控管理水平的标尺。PTP 流程内控管理责任，涉及各级流程责任人的管理责任及流程相关各部门管理者的责任。流程责任人 / 部门管理者对流程设计及执行的结果负责。
- **流程内控责任。**流程内控责任主要体现在流程 KCP 的控制上，如直接主管对单据的审核。直接主管可能不一定是组织 / 流程的管理者，但作为流程环节的审核者，其必须对业务的真实性、合理性负责；而组织管理者 / 流程责任人，除了承担组织 / 流程的管理责任，也可能作为流程关键环节具体的审核 / 审批者，承担流程的内控责任。华为 PTP 流程变革，在风险评估、内控活动设计的同时，清晰定义了流程相关环节的控制责任，保障了内控制度的落实。

（4）内控监督与闭环（内控检查 / 评估及结果的运用）

企业常用的内控检查与评估工具有 CT（compliance testing，遵从性测试）、PR（proactive review，主动性审视）、SACA（semi-annual control assessment，半年度控制评估）等。

- CT，类似于对身体的"日常保健"，例行对流程的遵从情况进行检查。
- PR，类似于对身体的"专科检查"，针对某一项或某一类问题和风险进行专项检查。
- SACA，类似于对身体的"全面体检"，一般每半年一次，对相关流程、组织进行内控成熟度评估。

内控检查 / 评估与审计的主要区别在于：前者往往由管理者内部发起，检查和评估内控建设与执行情况，以发现问题后自我改进为目的；后者往往由审计相关部门发起，作为第三方对内控建设的完备性、执行的有效性进行评估，具有独立性和强制性特征，而且因最终汇报对象为审计委员会，所以也具有较强的威慑力。

内控检查 / 评估结果包括内控综合评估结果（内控成熟度）以及重大的个案事件的评估结果，评估结果将被运用于考核、述职和问责中。

> - 考核：将内控评估结果纳入 KPI，作为组织及相关员工的绩效考核依据。
> - 述职：当内控成熟度连续达不到要求时，相应的管理者 / 流程责任人需要进行内控述职。
> - 问责：重大或者普遍性的内控缺失，管理者 / 流程责任人可能会被问责；严重的，可能会因内控管理失职而下岗。

PTP 流程作为企业高风险流程之一，华为还专门为其设置了采购稽查部，以加强对采购风险的监控。

以上对 PTP 全流程进行的风险与内控措施分析，主要侧重于对资金 / 资产安全、采购真实性及合理性的管控。而作为财务人员，还必须对财报的真实性、合理性负责，确保账实相符。

财报内控是财务人员常用的工具和方法。财报内控从财务报表出发，逆向推导影响财报的关键控制点及要求。财报内控的范围包括集团财报、子公司财报、纳税遵从，涉及的业务包括影响财报的各项业务和财务活动。财报内控通过应付账款、税费等科目，往前识别 PTP 流程对财报影响的关键控制点，并进行相关的内控设置管理。

"百川东到海"，企业的三大财务报表（资产负债表、利润表、现金流量表）汇集了企业所有经济活动的结果，通过财报内控，企业可以把"触角"从财务活动向前延伸到所有与业务相关的经济活动中，对影响财报的业务行为进行规范和约束，构建账务"大坝"，让"长江、黄河的水"沿大坝流向"大海"。

通过 PTP 流程的风险分析与评估、内控设计、执行，以及内控成熟度评估，我们可以看到，BC 并非局限于财务领域，而是对整个流程端到端的内控负责。BC 主要发挥了以下职责：

- 协助管理者 / 流程责任人组织开展流程风险分析与评估；
- 流程内控设计与推行落地；
- 内控工具开发，如 CT、PR、SACA 工具的开发；
- 执行流程内控评估；
- 支持流程控制改进；
- 协助制订流程改进计划，并对改进计划的实施过程进行监控。

PTP 流程是华为第一个端到端的流程风险分析、流程内控设计，并推行落地，内控设计由 BC 亲自参与和主导。后续在许多流程的内控设计中，BC 职能逐渐转变为内控建设与执行的指导、咨询和培训。

通过流程内控与财报内控，财务 BP（在华为，BC 向 CFO 汇报，所以内控管理也属于财务 BP 的职能之一）可从风险与内控管理的视角走进业务，实现经营以外另一个视角的业财融合。

本章小结

本章以四个较有代表性的流程为例，分别从经营视角分析了业务融合（OTC 流程、项目"四算"、IPD 流程），以及从风险与内控视角分析了业财融合（PTP 流程）。总之，CFO 要一手"抓经营"，一手"控风险"，财务 BP 转型可以从这两个视角切入，融入业务活动，发挥价值。

> 💡 **拓展思考**
>
> （1）根据行业特点不同，交付单元会存在差异，建议企业财务负责人思考如何根据本企业的行业及业务特点，打造业财融合全流程。
>
> （2）结合本企业现状，针对企业业务主流程，进一步思考财务介入业务活动所存在的问题、困难及解决方案。
>
> （3）针对个人所负责或接触的流程，分析和评估流程中存在哪些中高风险，并设计内控管理措施，明确内控责任。

05

第 5 章

构建良好的财务环境

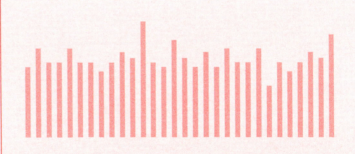

构建良好的财务环境，关键要让各级 CEO、业务主管懂财务、懂经营，使他们建立财务思维，做出理性决策，这是华为成功的核心点之一。一个优秀的财务 BP 必须懂得如何推动和帮助业务主管经营管理转身，以达成经营管理目标。

在一个企业中，如果各级业务主管对财务有较高的诉求，那么作为财务人员，也许经常会被业务人员投诉，这会让财务人员感到压力很大。我就曾在华为承受过这种压力，当时觉得很委屈，但反观我在华为的职业生涯，以及华为财务的发展历程，我发现业务对财务要求越高、投诉越厉害，财务的工作进步越快，因为业务需求是拉动财务发展和进步的引擎。

5.1　如何理解财务体系是华为成功的核心点之一

　　在一次培训时，我向学员们提了一个问题："华为成功的核心点是什么？"学员们踊跃回答，答案有：

"华为的技术很牛，5G 技术全球领先！"

"华为的战略很牛，方向基本正确！"

"华为的市场很牛，全球所向披靡！"

"华为的流程很牛，按章办事效率高！"

"华为的人力资源管理很牛，让员工持续艰苦奋斗！"

……

这些答案大部分聚焦于技术、战略、市场、流程、文化、人力资源等方面。对于"华为成功的核心点是什么"这个问题，任正非曾表示，华为成功的核心点是财务体系和人力资源体系。

华为"以奋斗者为本"的企业文化激励着员工持续艰苦奋斗，使华为获得了成功。因此，将人力资源体系视为华为成功的核心点，是比较容易被大家理解并获得认同的，但将财务体系也视为华为成功的核心点，很多人对此感到费解。

一个企业把财务的价值提到如此高度，与该企业所处的发展阶段及经营复杂程度有很大关系。

企业在创建与发展初期，往往以规模增长为第一要务（前提是有合理的利润与现金流的支撑）。华为也不例外，其抓住了电信业高速发展的黄金时期，也经历了"签单为王"的迅速扩张阶段，但在 21 世纪初的互联网泡沫波及中国之前，任正非意识到了这种疯狂可能带来的危害。他开始担心，如果有一天公司销售额下滑、利润下滑甚至破产，该怎么办？

于是，在 2000 年（即危机来临之前），华为以 7.5 亿美元卖掉了子公司"华为电气"，为华为"过冬"准备了一件厚厚的棉袄。

在很多人盲目乐观甚至近似疯狂的情况下，华为却充满了危机感。2001年，任正非发表了一篇轰动业界的讲话"华为的冬天"，他在思考如果危机真的到来，华为该怎么办？结果如其所料，2002 年行业内诸多知名公司被兼并重组甚至倒闭。受宏观大势影响，华为当年收入规模虽然下滑了 13.3%，但总算"活"下来了，而且在 2003 年重拾高增长（收入增长 43.4%），开始实现"弯道超车"。

寒冬来临，比的不是谁跑得更快，而是比谁的身体更结实、更抗寒，谁准备了过冬的棉袄，在春天来临时，谁就还能活着。危机来临时，生存下来的才是王者。任总在"华为的冬天"中谈道：

"我到德国考察时，看到第二次世界大战后德国恢复得这么快，觉得很感动。当时他们的工人团结起来，提出要降工资，不增工资，从而加快经济建设，所以战后德国经济增长很快。如果华为公司的危机真的到来了，是不是员工工资减一半，大家靠一点'白菜、南瓜'过日子，就能行；或者我们裁掉一半的人就能拯救公司呢？如果这样能行，就不算危险。因为，危险一过去，我们可以逐步将工资补回来；或者在销售增长后，再将被迫裁掉的人请回来。这算不了什么危机。"

2002 年，华为的"冬天"真的来了，总监级及以上干部自愿降薪，华为度过了寒冬。经历过寒冬的洗礼，华为及时调整了经营策略，从"签单为王"的粗放式管理向以"人均效益"为牵引的经营管理迈进了一步。对此，任总指出：

"这三年（1999—2001 年）来的管理要点讲的都是人均效益问题。不抓人均效益增长，管理就不会进步。因此一个企业最重要、最核心的追求就是实现长远、持续的人均效益增长。当然，这一增长不仅指当前财务指标的人均贡献率，也包含了人均潜力的增长。"

在只要签单就有利润和现金流的商业环境下，财务价值发挥的空间比较有限，这也是早期华为财务在公司内部地位相对较低的重要原因。

这次互联网泡沫破裂后，电信业开始进入 3G 时代，全球电信又开启一轮投资增长，但之前行业高利润的时代却一去不回。华为随着海外业务的突破和扩张，经营风险逐渐暴露出来。对此，任正非表示："我们公司在前 20 年是以规模为中心的，因为那时候的市场潜在空间很大，利润还比较丰厚，只要抢到'规模'就一定会有利润。但是，现在我们正在发生改变。我强调，每个代表处、每个地区部、每条产品线都必须以正的现金流、正的利润和正的人均效益增长为中心做进一步考核。我想三年内会发生比较大的变化。如果继续以规模为中心，公司会陷入疯狂。以利润为中心，一定是我们最后的目标。"

2008 年左右，华为从一线代表处开始全方位推行经营管理，对代表处的经营考核由订货为主转向收入、盈利、现金流、经营风险和效率等全方位经营考核。尤其是在 2011 年净利润率跌破红线，经营"告急"的情况下，华为自 2012 年起再次强调以利润和现金流为牵引确定经营策略，"双负"（利润和现金流都为负）代表处代表必须下课，从而促使代表处代表由"签单为王"的"大客户经理"转型为全面经营管理的 CEO。

只有当企业各级管理者都具有经营意识，都能从"经营"和"风险"两个视角进行理性决策时，企业才能长治久安，才能获得持续的成功。

在此背景下，华为对业务主管的要求也发生了较大的变化。

华为要求业务主管不能光懂技术，也得掌握最基本的财务知识，光懂业务、不懂财务是不能成为主管的。任正非曾说："当我们拥有大量的渴望进步的接班人时，公司才是有希望的。这个希望从哪里产生？就从你们懂业务的财务人员中产生，从懂计划、懂预算、懂核算的业务人员中产生。"

　　任正非要求有经济活动的地方就要有财务管理，他对经理的定义是"经理就是经营理财"。当企业上上下下各级管理者懂财务、懂经营、懂风险，"经营理财"意识在各级管理者脑海中打下深深的烙印时，企业的财务队伍管理体系就不再仅仅包括财务部门的人员了，也包括拥有财务意识的各级业务管理者，甚至是全体员工。换句话说，是全体员工的经营与风险管理意识使华为获得了长期有效增长，使企业获得了成功。

　　另外，IFS 变革促使华为公司搭建了"全方位"的财务管理平台，使一线"呼唤炮火"以及让"听得见炮声的人"做决策的授权管理机制得以落实。对外，让"听得见炮声的人"做决策，使华为真正实现了面向客户、以客户为中心进行运作；对内，IFS 变革以"加速现金流入，准确确认收入；项目损益可见，经营风险可控"为使命，以经营目标牵引业务规范和效率提升。集成的财务流程，以财务作为黏合剂，把各种与经济活动相关的人和资源（财）黏合在一起，力出一孔，聚焦商业成功。

　　IFS 变革的成功，使华为公司成为一个具有长远生命力的公司。

　　综上所述，"财务体系"并不等于财务部门的管理体系。公司各级管理者甚至全员的经营与风险管理意识，以及以经营目标为牵引，聚焦客户、聚焦商业成功的一致行动是华为成功的核心点之一，也是构建良好经营环境，牵引业务主管经营管理转身的关键所在。

5.2 推动业务主管经营管理转身

1. "点燃燃料"，激活需求

业务需求是拉动财务发展和进步的引擎，但这个引擎往往处于静止状态，需要"点燃燃料"来激活。激活业务需求的"燃料"常常来自以下几方面。

第一，来自客户的需求，客户需求牵引业务需求。

第二，来自经营环境的压力。华为大规模走向海外后，业务在海外快速扩张，这是业务主管经营管理转身最快的时期。当时海外经营环境与业务模式复杂，许多项目交付周期长、风险大，给华为带来了很大的经营压力，这也迫使业务从以签单为导向转变为以商业成功及全面经营管理为导向。

第三，来自公司上层领导的推动。华为自上而下的经营管理方式给了业务人员一定的压力，如常见的自上而下的经营考核压力，甚至在某些特殊时期，"双负"代表处的代表必须下课。

第四，来自专业人士（财务）对业务人员的引导和推动。这一引导和推动促使财务和业务形成了财务引导业务，业务反过来牵引财务的螺旋式上升模式。

2. 推动业务懂财务、懂经营、懂风险

华为用以下几"招"，有效推动了业务懂财务、懂经营、懂风险。

（1）IFS 变革

IFS 变革不仅促使财务融入业务，也开启了业务融入财务之旅。

本书第 3 章曾提到，为端到端打通业务和财务流程，华为 IFS 变革一开始便吸纳了大量的业务主管和专家，让这些有着丰富业务经验的专业人员与财务专家一起研究和探索，因此，华为在 IFS 变革过程中培养了一大批懂财务的业务专家。这些专家再回到业务，又带动了更多的业务人员懂财务。

华为之所以开展 IFS 变革，是因为经营遇到了瓶颈，流程效率低，人均效益远低于国际同行领先水平。也就是说，经营环境的压力传递，使华为重视 IFS 变革，重视全流程端到端的经营管理，从而促进了业财融合，同时也促进了业务主管的经营管理转身。

（2）构建组织"混凝土"

华为不仅构建了财务组织"混凝土"，也构建了业务组织"混凝土"。其通过以下几种方式，在业务组织中掺杂财务"沙子"，带动业务懂财务。

方式一，明确 CFO 组织的矩阵管理关系，CFO 既向上级 CFO 汇报，也向所在业务组织 CEO 汇报，所以，财务 BP 既是"财务的人"，也是"业务的人"。这种管理关系，使业务组织中本身就包含了财务组织。

方式二，通过变革等项目，如 IFS 变革，业务专家在项目组"训战"之后，少部分留在财务，大部分回到业务。

方式三，建立相关的干部职业发展通道和干部轮换制度，让有业务经验的人到财务相关部门（如审计、内控）工作，并不断输送有审计、内控经验且绩效好的审计、内控人员到业务部门担任管理职位。

方式四，相近岗位之间形成互动，如让项目 CFO 去做项目 CEO，让项目 CEO 去做项目 CFO。理想状态是业财之间的循环轮动。正如任正非所说："我们将来要选拔一部分项目财务当项目 PD（项目总监），选拔一批业务人员去做项目财务，互相交换，这些人就是我们所期待的干部苗子。""优秀的财务干部可以转身到业务中，这既拓宽了财务干部的成长空间，也有利于实现财务与业务的融合。优秀的代表处 CFO，可以转身为代表；优秀的项目财务，可以转身为项目经理；这些通道的拓宽，对经营管理将产生正面的、积极的影响。"

（3）懂经营，必须让"一把手"先懂

为加大经营管理力度和规范运作，华为公司自 2007 年底开始在代表处推行经营"一报一会"（代表处财务部每月至少出具一份经营分析报告，经营管理团队每月至少召开一次经营分析会议）制度。那时，业务管理者的经营意识并不强，即使代表处代表等一线中高层管理者，大部分也还是扮演"大客户经理"的角色，他们以市场拓展和签单为导向，对经营关注较少。随着经营"一报一会"制度的推行，公司要求代表处代表必须先读懂经营分析报告，并通过地区部管理团队和全球销服体系 CFO 团队的评审。"一把手"读懂经营分析报告后，再层层向下施加压力，要求副总经理及下面的主管关注经营状况。

我刚到华为某代表处做财务主管时，正值经营"一报一会"制度推行之际。当时市场财经经理（负责客户回款）跟我说："以前经营会议基本上只谈订货和市场拓展，没人关心回款，现在突然感觉回款压力很大，我在经营分析会上还经常被批评。"我说："这是好事，代表批评你，说明代表处开始重视回款。以后回款就不是你们回款部门的事，而是整个代表处的事了。"果然，那

一年该代表处的回款及其他各项经营指标都得到了大幅提升。

经营"一报一会"制度的推行增强了业务管理者的经营意识，同时，在经营 KPI 考核的牵引下，经营管理也由财务推动逐渐转变为由业务自动自发地推动，并深入到业务价值流的各个环节。

（4）对管理者的经营培训与训战

为进一步提升华为公司管理者的经营意识和经营管理能力，在关键管理者的一些培训与训战项目中（如华为代表处代表或分 / 子公司总经理培养项目），财务与经营管理相关课程（如读懂财报、预算管理、风控管理等）占据了较大比重。

5.3　找到业务懂财务的关键切入点

我曾问一家公司的业务高管："你觉得业务懂财务难不难？"

这位高管回答："很难"。

我再问："为什么觉得很难？"

他回答："因为没有接触过。"

这让我想起我小时候的一段经历：

我在高中毕业前没有骑过摩托车（当时我们村里主要的交通工具是自行车），后来我看到舅舅家新买了一辆"嘉陵50"摩托车（一款简易摩托车，不需要变换挡位），心里痒痒的。这辆摩托车虽然骑上去操作简单，速度远不及现在的摩托车，但在当时来说，速度已经很快了，起码比自行车快多了，因此大部分村里人都感觉很新奇。有人说："这东西太快了，不敢骑，万一摔倒怎么办？"我却想："就加油门、踩刹车，应该不难吧！"在征得舅舅的同意下，我骑上去跑了一小段路程。骑熟练之后，我加大了油门，这种感觉比骑自行车刺激多了，但相较于速度带给我的刺激，我感受更多的是挑战成功带给我的快乐。骑过这种简易摩托车之后，当我再骑那种需要变换挡位的摩托车，我就觉得很简单，也就多了一个换挡的动作。

这段经历让我明白了两点：第一，做事要先破除心理障碍，就像骑摩托车，骑上去后你会发现并没有想象中那么难；第二，做事要循序渐进。

让业务懂财务，跟第一次骑摩托车、第一次开车一样，需要先破除业务人员因为"没接触过"而产生的心理障碍。曾有学员跟我抱怨要看懂企业财报是很难的事情，我问他："体检报告你也很难看懂吗？"他回答："不难！"试想，如果体检报告上写的是血液检验及其他一些检查的过程和原理，那么非医科专业人士大多都看不懂。

财务人员在辅导/培训业务人员财务知识时，往往容易犯"专业性"的错误，总想把类似"血液检验的过程和复杂的原理"给业务人员讲清楚，这反而会导致业务人员根本听不懂。对此，财务人员要从自身找原因。

企业财务管理的优劣很大程度上取决于企业所处的经营环境，在良好的经营环境下，财务工作将事半功倍；反之，则可能事倍功半。

良好经营环境的构建，需要企业文化以及自上而下的要求和牵引，同时，财务 BP 作为业财融合的重要角色，对所在组织的经营环境构建也具有重要影响。培训、宣讲、沟通是财务 BP 的关键职能之一。

优秀的财务 BP 往往具备培训师的技能。

对于"如何让业务懂财务，并快速融入财务"这个问题，我根据自身实践经验做了一个总结，我认为先要抓住业务懂财务的关键切入点，包括看懂交易数据、基本财务规则、业务常用的报表和指标等。具体如图 5-1 所示。

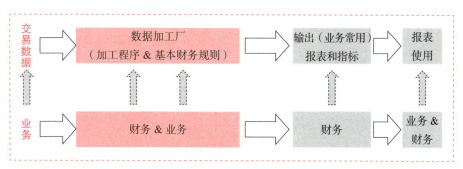

图 5-1　业务懂财务的关键切入点

1. 理解交易数据

财务数据的源头是交易数据，交易是业务产生的，所以，在对交易数据的理解方面，业务比财务反而更有优势。例如，产品工程师对产品成本构成的理解，可能比财务人员更容易。业务的弱项主要在于难以理解和掌握将业务数据转换成财务数据的规则及程序，而财务作为"数据加工厂"，就是按照既定的规则及程序把原材料（交易数据）加工成产品（会计科目和报表）。这就像手机消费者只需要了解手机的功能，而对于手机复杂的生产过程（从原材料加工到成品），消费者无须了解。

2. 理解基本财务规则

"玩游戏"先要懂"游戏"规则，业务要想读懂财务数据和报表，必须先懂财务规则。我们经常会碰到一种场景，业务抱怨加班加点赶工期，好不容易拿到了项目验收（初验）证书，自以为完成了收入目标，但财务却告知仅凭初验证书是不能确认收入的，必须要拿到终验证书。问题出在哪里？从财务服务的角度来看，财务的问题在于没有提前把收入确认规则向业务讲清楚。规则都不清楚，"游戏"还怎么玩？

收入确认规则很简单，但运用的业务场景很复杂，财务人员的优势是了解财务规则，但对于业务场景，可能业务人员更了解。因此，在复杂的业务场景下，财务规则的制定往往需要财务人员和业务人员一起讨论，华为具体项目的核算规则都是由财务和业务一起制定的，让业务人员在"游戏"开始时就把"游戏"规则熟记于心，这时业务人员对财务规则的理解难度就不会太大。

3. 理解业务常用的报表和指标

很多业务人员看到财务报表会犯晕，因为财务报表中的数据信息非常多，有些报表甚至有几百行，业务人员不知从何看起。其实，财务报表虽然包含大量的数据信息，但细分到具体的业务岗位，业务人员仅需要了解并看懂其中的几张报表、几行数据、几个指标。因此，针对具体岗位简化后的财务报表，更便于业务人员理解，也更便于异常数据的追溯。

化繁为简，找到业务懂财务的关键切入点，业务懂财务并不难。

本章小结

一个优秀的财务 BP 必须懂得如何构建良好的财务环境。良好的财务环境能使财务工作事半功倍，不好的财务环境则使财务工作事倍功半。业务懂财务并不难，而且在对交易数据的理解、对财务规则在业务场景中的应用、对财务报表结果深层次的业务原因的理解等方面，业务比财务更有优势。

如果你是一名业务人员，作为一个二十多年的财务从业者，我可以很负责任地对你说："别怕，懂财务没那么难！"你要大胆地迈出"懂财务"的第一步，就像我前面提到的学骑摩托车的经历一样。当然，要深入理解财务，甚至成为半个财务专家（优秀的 CEO 都应该是半个财务专家），还需要有一个长期不断学习和实践的过程。万事开头难，我们要先迈出第一步，然后"顺着路"坚持走下去。

> 💡 **拓展思考**
>
> （1）作为财务 BP，你在推动"业务懂财务"的过程中碰到过哪些问题和困难？建议进一步思考解决方案。
>
> （2）如果你是公司的决策层高管，你要如何推动各级业务主管"懂财务"，构建公司良好的经营管理环境；如果你是公司的执行层主管，你要如何推动你所在组织的业务主管"懂财务"；如果你是公司的基层员工，你要如何让你周边的业务同事"懂财务"。

06

第 6 章

财务 BP 人才能力转型

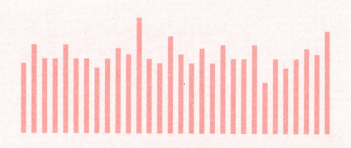

构建业财融合组织的核心是"人"，财务 BP 转型，在人才能力方面有较高的要求。本章基于 CGMA 管理会计能力框架，分析了当前财务 BP 转型普遍遇到的挑战，同时总结了财务 BP 转型的能力需求趋势与突破，以及快速构建财务"懂业务"的组织能力的方法。

阅前思考

　　你觉得你个人及所在的财务组织，在支撑业财融合、财务 BP 转型方面存在哪些能力短板?

　　构建业财融合的组织及流程是财务 BP 转型的必要条件，但成功转型的核心是"人"，没有合适的人才，组织、流程执行效果将大打折扣。而且，无论多么领先的组织及流程设计，将来也可能变得落后，从而不能适应新的场景、新的"作战"需求。只有合格的人才，才能在"作战"中不断发现问题，解决问题，并通过不断完善组织、优化流程，逐渐提升财务 BP 的组织能力。

　　本章主要介绍相较于传统会计，财务 BP 的人才能力需求、挑战与突破，以及财务如何"走出去"，实现业财融合的 BP 转型。

6.1　财务 BP 人才能力取向的变化

　　一些研究财务 BP 转型的学者认为，财务 BP 就是管理会计，财务 BP 转型就是从财务会计向管理会计转型。我对此略有不同看法，财务 BP 侧重于管理会计，但并不局限于会计领域，甚至可以说在某些方面已经超出了会计的范畴。例如，华为代表处作战 CFO 主要沿着作战计划、预算、核算协调拉通的管理线条开展工作，其中作战计划管理就已经超出了会计领域；平台 CFO 给"作战部队"提供综合平台解决方案，而不局限于财务解决方案。

财务 BP 转型，普遍存在的短板是财务不懂业务。任正非一直要求华为财务人员要懂业务，甚至对财务人员说："如果你的主业考了 90 分，我不认为你特别优秀，但若副业考了 10 分，我认为你就是满分。"

任总要求的这 10 分并不容易。什么叫"懂业务"，我们很难给出标准，但绝不是把业务流程熟记于心这么简单。作为平台 CFO，起码要熟悉交付业务、懂合同管理，并具备单挑一个重要项目的采购的能力。单挑一个重要项目的采购，这在华为是对采购骨干甚至是采购专家的能力要求。

近几年，业界掀起了一股财务 BP 转型热潮，出现了大量关于"财务懂业务"方面的宣传和培训，促使一些财务人员紧急"转舵"，结果却把自己的老本行财务会计给"忘"了。虽然任正非反复强调财务要转型、财务要懂业务，但从以下讲话中，我们也可以看出他对财务 BP 转型的担忧："不要因为我强调 PFC 要学业务，你们就只去学业务，而荒疏了本专业能力。没有本专业的精，就没有开门的钥匙。"

业财融合，在强调财务 BP 转型的同时，也不能紧急"转舵"，从一个极端走向另一个极端。财务 BP 必须"懂财务"，并与"懂业务"相结合。

我将财务 BP 转型概括为两个阶段：阶段一，由财务会计向管理会计转型；阶段二，由管理会计向业财统筹协调延伸。

1. 由财务会计向管理会计转型

以下我们将借用业界权威机构的"管理会计能力框架"，再结合标杆企业实践，对财务会计向管理会计转型应具备的能力进行分析。

目前可供参考且比较权威的与管理会计相关的能力框架如下。

- 国际权威机构发布的与管理会计相关的能力框架：CGMA（全球特许管理会计师）管理会计能力框架（见图 6-1）、IMA（美国管理会计师协会）管理会计能力框架、ACCA（特许公认会计师公会）能力框架等。
- 国内权威机构发布的与管理会计相关的能力框架：北京国家会计学院发布的管理会计概念框架、中国商业会计学会发布的管理会计职业能力框架、中国总会计师协会发布的中国管理会计职业能力框架、上海国家会计学院发布的中国 CFO 能力框架等。

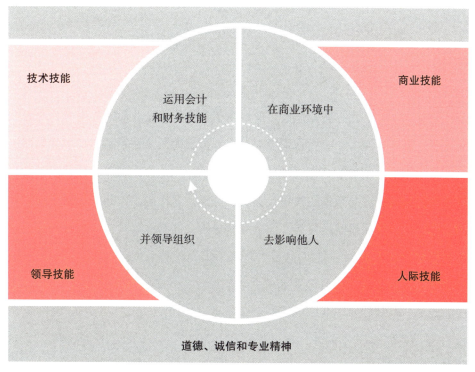

图 6-1　CGMA 管理会计能力框架

CGMA 把管理会计能力总结为四大技能（技术技能、商业技能、人际技能、领导技能），以及具有道德、诚信和专业精神。其中，技术技能包括财务会计与报告、成本会计与管理、业务规划、管理报表与分析、公司财务与财资管理、风险管理与内部控制、会计信息系统、税务策略/筹划与合规；商业技能包括战略、市场与法规环境、流程管理、商业关系、项目管理、宏观分析；人际技能包括影响力、谈判与决策、沟通、协作与合作；领导技能包括团队建设、辅导与指导、推动绩效、鼓励与鼓舞、变革管理。

本部分内容不详细解读管理会计能力框架，仅基于当今业界财务现状，以及我曾经与华为同事们在财务 BP 转型过程中所经历的问题和困难，对财务 BP 转型人才的能力需求及短板进行分析。

（1）对财务报表及时性的需求、挑战与突破

¤ 需求

信息化、数字化、智能化使企业经营节奏加快，企业对财务报表的及时性要求越来越高，许多企业的管理者都对财务报表的及时性不满意。华为早期也存在这个问题，当时华为财务报表的出具时间为 18 天，报表出具后，财务还需要进行相关信息与数据的收集、整理、分析，并拟制经营分析报告，再加上预约汇报，往往又要耽误几天，导致经营分析会的召开通常在月底。曾经有业务领导对财务人员说："你们的报告写得不错，财务人员也很辛苦，但这报告对我们的价值不大，本月就剩两天，我们就算是猴子也翻不了身了。"对于这样的结果，财务和业务都会感到很沮丧和很无奈。

¤ 挑战

当前，业界会计信息系统普遍存在以下两方面的问题与挑战。

第一，财务内部系统不统一。集团与子公司的关系类似"周天子与诸侯"，诸侯国各有各的地盘，信息不通。企业内信息不通，常常表现在集团与子公司之间系统不统一上。例如，集团合并财务报表，常见的做法为：子公司出具财务报表后，采用纸面文件或者电子文件的方式发送给集团财务，集团财务再做集成，出具集团合并财务报表。这种合并财务报表的做法很低效，其根本原因就是未能做到集团财务整体系统拉通、信息集成。

第二，财务与业务系统割裂，未能做到业财系统集成，业务信息需要经过会计的大量手工收集、翻译和加工。也就是说，财务获取业务数据难；反之，业务获取财务数据也难。

□　突破

华为也曾经历上述阶段，但通过以下三个阶段的持续变革，财务报表及时性问题已基本得到解决。

第一阶段，通过财务"四统一"变革以及账务共享中心的建设，夯实账务基础，加快财务数据集成和报表的处理效率。"四统一"在统一的制度、流程、编码、监控系统下，通过统一的会计编码使财务数据快速集成。账务共享中心的成立和运作，则从组织、流程方面大幅提升了交易和报表处理的效率及质量。

第二阶段，通过 IFS 变革，打通业财融合的"任督二脉"，实现业务和财务端到端流程融合，使"长江的水能够自动流入大海"，形成财务报表；反之，财务数据也向经授权的业务对象开放，提升了数据和报表的使用效率。

通过以上两个阶段的变革，华为月度财务报表出具的时间由 18 天下降到 5 天（3 天就可以出具初稿），每月 3 号财务可以启动经营分析，报告时间提前了

15 天。财务分析报告效率的提升，为经营改进足足赢得了 15 ~ 20 天的时间。

小插曲

在一次培训课上，我曾问某公司财务人员："你们公司每月几号出财务报表？"

对方回答："我们公司只比华为公司迟一天，每月 6 号出具财务报表。"言语之下，颇感自豪。

我再问："你们公司每个月出多少张财务报表？"

对方回答："3 张财务报表（利润表、资产负债表、现金流量表）。"

我说："华为公司每个月要出具 1 万多张财务报表！"

在 5 天内分别出具 1 万多张财务报表和 3 张财务报表，这两个公司出具财务报表的效率，显然不是一个等级的。5 天内出具 3 张财务报表，可以通过人拉肩扛、加班加点的方式实现；而 5 天内出具 1 万多张财务报表，背后体现的则是组织、流程、系统的运作效率。

第三阶段，通过数字化变革，数据快速获取、快速集成，财务报表做到"实时""按需"交付。

由于华为 IFS 变革所处的历史条件限制，如 AI 技术、图像 / 语音等自动识别技术以及当初的见识局限等，使 IFS 变革主要聚焦流程信息化，解决信息可视、可获取问题，但数据的快速集成、快速计算问题尚未得到较好的解决。

华为数字化变革后，开启 CFO 一天工作的是经营和风险"大屏"，即 CFO 每天上班后的第一件事就是打开计算机设备屏幕，及时了解最新的经营数据、存在的问题及风险，然后召集相关人员讨论经营问题的解决方案。当然，所谓的"大屏"，并非局限于一块大大的屏幕，CFO 每天起床后打开手机，也可以看到最新的经营数据，了解相关情况。

（2）对管理报表与考核报表的需求、挑战与突破。

数字化时代，财务报表要满足"实时""按需"的管理诉求，能看"大屏"的不只是 CFO，业务管理者、一线指挥官、操作层员工同样需要可供其决策和操作的数据与报表，但不同角色对数据与报表的需求不同，"按需"的管理报表和诉求，可以通过个性化入口以及自助服务功能得到满足。

¤ 需求

当今时代，随着企业规模的快速增长以及经营的多元化、多样性，企业经营的跨度和复杂度日益增加，单一的财务报表已经满足不了精细化的管理需求。以对外披露为主要目的的三大财务报表主要满足外部（投资者、银行、工商与税务部门等）需求，企业内部各级管理者更需要的是针对责任中心或经营单元的管理及考核报表，而支撑责任制经营、考核、奖惩机制落地的基础就是管理报表与考核报表。

实务中，许多企业想打破"吃大锅饭"的弊端，划小核算单元，建立责任制经营模式，但由于管理核算跟不上，缺乏科学、合理的管理报表与考核报表支撑，导致看上去很完美的责任制经营模式无法落地，陷入类似华为早期"财务最落后，落后到拖了业务的后腿"的窘境。支撑精细化管理需求的管理报表与考核报表，是支撑财务 BP 转型的必备工具，构建管理报表与考核报表体系也必将是财务能力需求的发展趋势。

¤ 挑战

传统的三大财务报表遵从企业会计准则，有"章"可循，但内部管理报表则侧重于企业内部各责任中心的管理诉求，没有固定规则，需要在遵从企业会计准则的前提下，根据企业的业务、组织、流程特点自行制定规则，于是，产生了诸如内部定价、结算、分摊、双算等责任中心之间的管理核算规则。

我的一位前同事从华为公司离职后在一家公司负责预算工作，根据其反馈，该公司管理核算需要大量的手工数据计算和处理，出具管理报表/考核报表大约需要半个月的时间，而且结果还经常被质疑。

企业对管理报表/考核报表的需求，考验财务人员对业务运营及决策需求的理解能力、管理核算规则的构建能力，以及多维度、多层次报告的系统架构规划能力。

¤ 突破

业界很多财务同仁认为，管理报表就是在系统输出的三大财务报表基础上，根据管理需要使用 Excel 等工具做相应的分摊和结算，当前很多公司也确实是这样做的。但这种方法只适用于业务相对单一、组织与流程相对简单的小规模企业，而且这种方法效率低、耗时长、容易出错，无法满足常态化的报告需求。

本书第 1 章曾提到，当年为了满足华为公司对某产品的重大决策需求，我采用分析方法出具了一份财务分析报告（分产品盈利报告）。当年单纯做这个分产品盈利分析，仅输入输出的 Excel 表格就有八十多张。我每天看着表中密密麻麻的数据，就怕哪个数据出错，因为一个数据出错，可能会导致几十张表全盘出错。即使二十多年过去了，现在很多企业的财务同行，依然重复着我当年进行数据处理的艰辛故事。

随着 IFS 变革，华为将各种管理核算规则固化到 IT 系统中，由系统自动生成上文提到的 1 万多张各维度及相应颗粒度的财务管理报表，为财务 BP 工作开展提供随手拈来、供各种场景使用的"武器"。报表使用者还可以根据自己的需求，通过简单的拖、拉、拽功能，定制自己所需要的报告。自此，华为的经营管理由"一报一会"发展到不用报告，直接打开系统数据即可开会。

在解决以上提到的财务报表及时性问题，以及财务报表对业务管理与考核的支撑问题后，企业还需要在打通业财信息及数据流程的基础上，搭建财报的系统架构。这是一项财务系统工程，它不只考验账务及 IT 人员的能力，也考验财务 BP 的业财融合能力。财务 BP 需要深入理解业务需求，以及业务信息、业务数据与财务报表之间的关系，同时把业务管理需求融入财务报表，通过财务系统自动生成报告，满足大部分业务对报告和数据的需求，这样财务 BP 才能把自己从"数据的泥潭"中解脱出来，把更多的资源和时间投入对业务增值的财务活动中。

目前，业界常见的问题是企业的财务系统主要为出具三大财务报表而设，难以满足管理报表的需求。CGMA 在"管理报告与分析"能力架构中，对管理会计提出了能力要求：为管理、项目或绩效报告开发业务单元报告体系，并实施流程，根据报告周期提交管理信息。

管理报表是基于企业业务管理需要而产生的，在其兴起初期，往往通过财务人员在财务信息的基础上手动加工完成，于是，Excel 等成为财务数据与报表加工的重要工具，但随着管理的日益精细化，海量的管理报表和财务数据需求已经成为压在财务 BP 身上的重担，而解决方案就是上面提到的"在打通业财信息及数据流程的基础上，搭建财报的系统架构"。

CGMA 在"会计信息系统"能力架构中，对管理会计提出了如下能力要求：

- 了解各个组成部分和系统之间的相关性，包括数据通过系统的工作流；
- 根据政策和方针，定义并构建会计系统；
- 推荐新系统，从而实现现有流程的自动化，并设法对业务流程进行重新设计，以便有效运用新技术；
- 改进财务控制系统的效率。

（3）对财务前瞻性的需求、挑战与突破

☐ 需求

财报必须从描述昨天和今天向描述未来演进。管理大师彼得·德鲁克（Peter Drucker）认为"预测是管理之魂"，财务应从"看后视镜"到"打开前灯"，预算、预测、财务战略规划以及具有前瞻性的财务分析将是财务管理的重要抓手。

☐ 挑战

我曾代表任职公司在国内某知名高校招聘，在招聘过程中，我提出了一些关于财务预测的问题，其中一名应聘的研究生的回答，我认为是高校学生或初入职场财务人员常犯的通病——"理想化"，他们机械地依赖模型而忽略了对

企业实际情况的分析与了解。

　　我问："你现在正在做什么课题？"

　　他说："我正在做一个上市公司未来几年的业绩预测。"

　　我问："如何预测？"

　　他说："我收集了该公司过去 5 ～ 10 年的经营数据，并建立了一个预测模型，根据该模型推导该公司未来几年的经营业绩。"

　　作为学生，进行模型学习、演练无可厚非，但如果仅用一个模型和企业过去的数据就想推导出企业未来的业绩，那未免太"单纯"了。从日常培训中，我也发现一些企业的财务人员跟未出大学校门的学生一样，过分依赖工具、模型，而忽视了对自身企业业务本质、市场规律、财务规律的理解。市场环境千变万化，大到如一个政策的变化、一场突来的疫情，小到一个客户的流失等，都可能对企业的经营业绩甚至未来的发展造成巨大影响。

　　企业经营预测必须建立在对业务规律充分理解，对业务信息充分掌握的基础上，再结合财务规律做出判断。因为企业普遍存在的"部门墙"、流程分段割裂等问题，可能会使财务人员无法及时、全面掌握业务信息，从而极大增加预算、预测的难度。

　　¤　突破

　　华为在 IFS 变革之前，业财流程不通，预测结果基本上"不可看""不可信"，更"不可用"。所谓的预算、预测，差不多就相当于财务"练兵"，年复一年、月复一月地"空弹演习"。

　　华为 IFS 变革，一方面，打通了业财融合的"任督二脉"，财务全流程端到端过程参与，业务信息对财务可视；另一方面，在流程打通的基础上，同时也把预算、预测与业务计划打通，使财务规划与业务计划相融合。

业务流程与财务流程打通，业务计划与财务计划打通，使华为的预算、预测准确率得以大幅提升，预算、预测真正发挥出了牵引业务、指挥业务作战的功能。从此，财务打开"前灯"，引导业务前行。同时，数字化、大数据、AI 技术的应用，也使预测更加"靠谱"。

> "基于大数据模型，由计算机进行上万次数据演算和模型迭代，华为经营性现金流已实现 12 个月定长的滚动预测。从历史数据的拟合度来看，最小偏差仅 800 万美元。对于在 170 个国家实现销售，收入规模约 800 亿美元，年度现金结算量约 4 000 亿美元的公司来说，800 万美元的现金流滚动预测偏差，已经是极为理想的结果。与机器共舞如此美妙！数字予机器以温度，其惊喜犹如燃情的岁月。"（华为 CFO 孟晚舟 "2017 年新年致辞"摘录）

财务 BP 在业财融合、信息打通的基础上，需要具备构建前瞻性财务规划及预算 / 预测流程、方法与模型的能力，为业务打开"前灯"、规划未来。

（4）从财务分析到经营分析的需求、挑战与突破

¤ 需求

如前所述，三大财务报表在满足企业内部管理需求方面具有局限性，因此基于三大财务报表的财务分析，也很难细分和精确定位责任中心的业务问题。在满足企业内部经营管理需求上，传统的财务分析人员会感觉力不从心，经常

被业务"诟病",被指责财务"就数论数",不能给业务经营改进提供有价值的建议。在大部分场景下,业务对停留在财务报表的指标等分析上并不关注,他们需要财务分析人员从财务数据出发,找出业务问题,明确经营改进的方向和措施。

目前,业界普遍存在一种误导,他们把分析人为地分成财务分析和经营分析,财务分析由财务主导,经营分析由业务主导,一个完整的经营管理职能被割裂成两个部分,由两个团队来完成相关工作。例如,我们在证券交易软件中常常看到有财务分析和经营分析两个模块,财务分析模块主要展示收入、利润等财务指标的增长情况,如果想进一步了解哪类业务、哪个区域的收入、利润增长了,还必须打开经营分析模块。

¤ 挑战

财务分析是财务 BP 的一项重要职能,同时也是财务常用的方法和工具,但传统的财务分析只能就报表讲报表,就数据讲数据,其主要原因在于,财务人员对业务缺乏过程参与,对业务深入不够,从而导致财务分析犹如隔岸观花,看不清、摸不着、猜不透。

¤ 突破

华为不存在纯粹意义上的财务分析,没有"业务故事"的财务数据只是玩数字游戏。华为财务部门出具的报告,主题大多为"××责任主体经营分析报告"之类,除了某些特殊场景需求,一般不叫财务分析报告。

下面简单总结一下华为经营分析的三个步骤,我们来看华为是如何把财务分析与经营分析融为一体的。

第一步：输出报表。

关于从三大财务报表向管理报表输出的突破，在本部分"（2）对管理报表与考核报表的需求、挑战与突破"中已做出介绍，这里不再赘述。

第二步：定位问题。

对经营问题的定位，通常的做法是：财务人员通过财务报表找出问题指标，再分维度、分层级地对指标进行分析，具体到最小经营管理颗粒和作战单元（如客户、项目等），定位问题所在。

以上分析工作的技术含量并不高，但会消耗大量的人力，月月重复、工作繁杂、效率低。重复性的工作最好交给系统或 AI 去做。华为财务数字化把这些工作集成在系统中，通过简单的操作，由系统自动完成，并在责任中心／经营单元报表的基础上，进一步集成到经营大屏。经营大屏可以根据使用者的需求，自由钻取，直至定位到影响经营指标问题的最小作战单元。

华为通过数字化变革，解决了通用场景的报表和数据集成问题，以及进一步的报表和数据定位问题。华为的财务资源主要聚焦在特殊化场景的数据处理，以及以下经营分析的第三步"找原因，提建议，定责任"上。

第三步：找原因，提建议，定责任。

只有实现对数据和报表的突破，财务 BP 才能腾出大量的时间和资源，投入业务的运作和沟通中。

通过参与业务过程，与业务沟通交流，财务 BP 可以突破"隔岸观花"之弊与财务孤岛，建立对业务的敏感性。通过向业务深入，财务 BP 可以将财务数据与业务原因相结合，与业务一起讨论解决方案，并进一步明确相关责任人，出具一份"完美"（有数据、谈问题、讲原因、提建议、定责任）的经营分析报告。

数字化变革进一步打通了财务与业务数据，使业财融合更进一步，使经营分析效率更高，更贴近业务。

正如诗歌的功夫在诗外，分析的功夫也在分析之外。构建财务 BP 的经营分析能力，最好的方法就是"下连队""爬战壕"，深入业务，在参与业务的过程中，分析和发现问题。

> **小贴士**
>
> 许多业界同仁在数据的处理和解析上花费了大量的时间和精力，他们还没有意识到这些繁杂的工作可以交给系统去做，或者没有想明白如何交给系统去做。财务 BP 需要在财务系统的基础上进一步构建经营管理系统，解决经营管理相关的数据集成、信息获取和报告展示等问题。

（5）对企业全面风险管理与内部控制的需求、挑战与突破

¤ 需求

风控是企业经营管理的主旋律之一，企业应一手抓经营，一手控风险。

随着企业规模的增长及内外部经营环境的日益复杂，企业面临的经营风险越来越多。国务院国有资产监督管理委员会（以下简称国资委）在 2022 年发布了《关于中央企业加快建设世界一流财务管理体系的指导意见》（国资发财

评规〔2022〕23 号），提出中央企业要持续完善五大体系，而"完善全面有效的合规风控体系"是其中之一。该文件明确了中央企业要建立健全财务内部控制体系，完善债务风险、资金风险、投资风险、税务风险、汇率风险等各类风险管控体系等要求。此后短短几个月内，国资委又陆续发布了《中央企业合规管理办法》《关于做好 2023 年中央企业内部控制体系建设与监督工作有关事项的通知》等风险、内控、合规管理相关文件。可见国资委对企业风控管理的重视程度。

　□　挑战

从南京审计大学对 2021 年中国上市公司内控现状评价结果（53.51 分）来看，我国上市公司整体内控得分较低，风控体系相对薄弱。主要问题体现在以下几方面。

① 大家普遍对风控认识不足，即使一些企业高管，对风控也缺乏系统性的认识。

我曾给一家规模不小（年收入约 50 亿元）的公司的董事长及高管进行风控培训。课间休息时，该公司董事长说："以前我们一直认为审计就是风控，刚刚听了老师的讲解之后才明白，审计只是风控三道防线的最后一道。"该董事长在培训完的第二天，就立刻召集公司高管们讨论如何落实风控体系建设。

还有一家规模更大（年收入约几百亿元）的公司，在培训之前，我与该公司 CFO 讨论培训大纲，CFO 说："我们公司的审计很严格，风控这块就不用讲了。"言下之意，审计做好了，风控就没问题。

以上这两家公司的高管都存在一个误解：审计就是风控。实务中很多人都持有这样的观点，认为审计就是风控，或者认为风控是审计下面的一个模块。

② 对风控的重视未体现在实际行动中。

　　在一次风控培训课上，老师问一位学员（年收入约几百亿元公司的风控总监）："你认为你们公司重视风控吗？"

　　学员回答："重视，我们公司的高层领导经常要求我们重视内控与风险管理。"

　　老师接着问："你们公司有多少专职风控人员？"

　　学员回答："两三个。"

　　老师无奈地摇摇头，收入规模几百亿元的公司，风控人员只有两三个，怎么可能将风控体系落地？

自 2006 年国资委发布《中央企业全面风险管理指引》以来，有关风险、内控、合规管理的规定和要求层见叠出，反复强调，但企业风控体系总体来说还是比较薄弱。

③ CFO 对风控管理普遍局限于财务风险。

按照 CGMA 管理会计能力框架中的"管理和控制组织可能面临的财务和非财务风险"要求，CFO 不仅要管理财务风险，还要管理非财务风险，其管理范畴应该是企业全面风险管理。但大部分企业 CFO 主要还是聚焦于财务风险管理，对非财务风险关注较少，与管理会计能力框架要求存在一定差距。

¤ **突破**

华为是一家风险意识、危机意识都比较强的公司，以下内容出自《华为基本法》（华为于 1998 年颁布）：

"公司应建立预警系统和快速反应机制，以敏感地预测和感知由竞争对手、客户、供应商及政策法规等造成的外部环境的细微但重大的变化；处理公司高层领导不测事件和产品原因造成的影响公司形象的重大突发事件。"

近年来，面对国际市场的种种新挑战，华为充分体现了其未雨绸缪的风险意识，同时体现出风险管理给公司带来的价值。例如，为了应对未来可能产生的"掐脖子"风险，华为已自研芯片，储备技术。芯片等诸多领域的技术储备，使华为扛住了一轮又一轮的打击。

通过 IFS 变革，华为建立了风控管理框架体系，华为风控进入到规范化的管理阶段。后续经过持续不断的探索和实践优化，华为风控逐渐由 1.0（系统体外运作）向 2.0（风控探针、非接触式控制）演进。在变革过程中，为构建规范化运作的风控管理体系，华为 CFO 也由财务风险管理向企业全面风险管理演进。

与企业经济活动相关的风险最终都将体现在财务结果中，对财务结果产生影响。华为通过 IFS 变革打通了业务与财务运作的全流程，为财务从流程端到端视角参与、管理风险创造了条件。

华为在财经体系中设立了风险与内控管理部，该部门向集团 CFO 汇报。各级 CFO 不仅是所属业务的财务风险责任人，作为企业全面风险的组织者、管理者，其也对业务运作的整体风险负有管理和监控责任。

当前，许多企业的财务还局限于在流程末端的财务环节进行风险管控和监督，我建议企业根据组织现状，借鉴华为的做法，由 CFO 作为企业全面风险的组织者、管理者，构建并落实企业风控体系；即使企业未赋予 CFO 全面风险管理职能，但作为财务风险责任人，CFO 至少要系统化以及流程端到端地识别和管理财务相关风险。

（6）对牵引业务规划的财务战略需求、挑战与突破

¤ 需求

许多人认为企业倒闭或经营出现危机必然与业务拓展不利有关，不可否认，业务拓展不利是众多企业陷入经营危机的重要原因，但危机的火苗却往往是在企业规模发展迅速、高歌猛进时种下的，如房地产企业近几年的起起落落。通过对一些陷入债务危机的房地产企业进行分析，我们可以发现这些企业都有一个共同特点：高杠杆、高负债率（远超"三道红线"融资政策。"三道红线"即剔除预收款后的资产负债率不超过 70%、净负债率不超过 100%、现金短债比不小于 1），缺少企业内部的"宏观"调控和牵引。

三大财务报表是企业宏观调控的重要工具，企业的宏观调控便是应用财务战略规划、预算、预测等工具与业务规划 / 计划相融合，通过财务规划、宏观调控以及经营目标的制定、投资评估、有限资源的配置与平衡等，牵引业务的持续有效增长。

在集团层面，企业通过"宏观调控"牵引业务规划；在责任中心层面，业务规划也需要与财务规划相结合，通过财务规划牵引业务规划，业务规划再反过来影响财务规划。

财务规划从业务中来，再到业务中去，最终通过业财规划融合，达成两者之间的平衡。

¤ 挑战

当前业界能较好运用财务工具牵引业务发展规划的企业并不多，普遍问题如下：

- 部分企业认为"业务是打出来的，不是规划出来的"，因此，不重视规划甚至没有规划；
- 有业务规划，但没有财务规划；
- 有业务规划，也有财务规划，但两者脱节，各"玩"各的。

归其原因，一方面，企业对战略规划的重视不够；另一方面，缺乏战略规划的方法和工具指引，尤其是财务不知道如何在业务规划中发挥价值。

如何做好财务战略规划，财务 BP 如何参与业务战略规划，并在战略规划中发挥财务的独特价值，是财务人员面临的一大挑战。

企业需要通过战略确定中长期的业务方向、目标与资源配置策略，财务人员如果缺乏长远的战略眼光，就只能做个"埋头搬砖"的人。

¤ 突破

2003 年，华为从美世咨询公司引入 VDBD（value driven business design，价值驱动业务设计）方法论，该方法论虽然主要侧重于业务商业模式设计，但可认为是华为战略规划管理体系建设的起始标识。

华为财务在 2003 年前后还处于以核算为主要职能的财务会计阶段，对前端的业务设计参与较少。2008 年，华为 IFS 变革使财务战略规划得到了公司的重视，同时为财务参与业务价值流的过程管理创造了条件，各责任中心财务也开始参与到相应业务的战略规划中，逐渐在业务规划过程中发挥价值，实现了业务战略与财务战略相融合。华为各级 CFO 成为所属业务战略规划团队的关键成员之一，在战略规划中具有重要的发言权。

随着 IFS 变革，华为"宏观"调控发挥了重要价值，从其财务结果便可以看出"宏观"调控的价值所在。例如，在 2011 年到 2019 年期间，华为的资产负债率最低年份为 64.7%，最高年份为 68%，窄幅波动，非常平稳，从未超过其预定的 70% 的红线。由于财务稳健，华为就像一艘在波涛汹涌的大海中前行的船，在国际市场上虽然阻力重重，行驶速度放缓，但仍能波涛不惊，稳健前行。因此可以说，华为财务规划与业务规划的融合，牵引着业务前行，在企业发展过程中发挥了重大作用。

（7）对市场环境、商业关系建立能力的需求、挑战与突破

¤ 需求

当前企业面临的商业环境越来越复杂，项目的竞争也不再是单纯的服务质量、产品性价比的竞争，而是综合解决方案的竞争（包括财务解决方案），因此，市场呼唤财务人员走出去，与客户 CFO 及其财务部门建立良好的合作关系。

¤ 挑战

如前所述，身为"幕后英雄"的财务人员与市场离得远，对市场缺乏敏感性、缺乏定价、商业模式设计、交易条款设计等市场经验，同时普遍缺乏商业关系的建立能力，这也是财务 BP 转型建立外部合作关系的一大瓶颈和挑战。

¤ 突破

华为通过 IFS 变革，使财务人员可以在投标前端参与业务活动，CFO 不仅对财务解决方案的设计负责，也对落地实施负责，因此，CFO 必要时需参与客户沟通、谈判，与客户 CFO 及其财务部门建立商业合作关系。除此之外，CFO 还必须建立并维护好公司与银行、税务、外审、供应商等的关系，为企业构建良好的经营环境做出贡献。

另外，市场环境、商业关系的建立，需要有较强的沟通、合作、谈判能力，这些软实力，一方面，需要企业刻意的训练和培训；另一方面，很大程度上取决于员工的个人素质、性格等基本条件。

长期以来，受财务工作性质的影响，很多财务人员的工作作风偏向于小心、谨慎、保守，沟通、协作能力不足，这也成了财务 BP 转型需要迈过的一道坎。财务 BP 转型，一方面，需要通过组织、流程打通，使财务人员"走出去"；另一方面，在对财务人员进行招聘与选拔时，需要建立新的标准与要求。

综上所述，企业对业财融合的组织与流程建设、财务数字化转型、精细化核算、财报与管报相结合的系统架构搭建、业财融合的经营分析、预算与预测的前瞻性分析、企业整体风险管控、通过宏观调控牵引业务规划、建立市场环境与商业关系等相关需求，是财务 BP 能力转型的方向。当然，面对技术技能、商业技能及人际技能的转型需求，财务 BP 转型还存在诸多困难和挑战，但这是财务 BP 转型不可避免且必须跨越的一道坎。

2. 由管理会计向业财统筹协调延伸

该阶段主要针对高级别的财务 BP（如 CFO）。CFO 不但要懂作战，还需要熟悉 COO（首席运营官）的职责，样样都应清楚。

上海国家会计学院的一项调研结果显示，我国上市公司 CFO 中拥有财务背景的约占 90%，他们大部分拥有复合背景。关于 CFO 的复合背景，2015—2019 年发生了两方面的变化，一方面，占比由 60% 提升到 90%；另一方面，2015 年之前 CFO 的复合背景更多的是管理岗位、金融投资岗位等，而 2015—2019 年，生产、研发、市场等复合背景的占比大幅度提高。从中可以看出，业财融合的概念已获得企业的一致认同。

高级别的财务 BP，不但要懂业务，企业还要进一步培养其沟通力、影响力和领导力。

根据企业所处的发展阶段，以及业务、财务流程与组织成熟度的不同，财务 BP 转型碰到的挑战各不相同。由于个人经历有限，我无法把企业财务 BP 转型存在的问题全部罗列出来，因此只能抛砖引玉，引发读者们对财务 BP 需求趋势，以及财务 BP 转型与突破等方面的思考。

6.2　推行专业任职资格标准，牵引人才能力发展

接下来，我们以华为财务专业任职资格为例，分析财务 BP 的能力需求。

华为公司自 1998 年开始引进英国国家职业资格制度，建立任职资格标准。任职资格标准基于岗位责任和要求，按岗位分类总结出各岗位的能力要素，以及岗位任职者所必须具备的知识、技能及经验等方面的要求。任职资格标准在

华为的成功推行，既为员工的专业发展提供了方向、标准和路径，也为部门选人、用人提供了重要参考。

财务专业任职资格标准包括专业知识与专业能力、通用能力、专业回馈三部分。

1. 专业知识与专业能力

（1）专业知识

专业知识即专业领域必须掌握的知识。结合财务 BP 的特点，财务人员需要掌握的专业知识包括财务会计知识、管理会计知识及相关的业务知识。

值得着重强调的是，在企业大力宣传与要求财务"懂业务"的背景下，一些财务 BP，尤其是非财务"科班"出身或者由业务转型为财务的人员，容易偏向于对预算、分析等管理会计知识的学习，他们通常认为核算与账务处理由账务共享中心负责即可，从而忽视了对财务会计知识的积累。

不懂财务的 BP，只能是"BP"，而不是"财务 BP"，财务 BP= 财务 +BP。华为虽然强调财务"懂业务"，也鼓励业务转财务，大力构建"混凝土"型的财务团队，但并不意味着降低了对财务人员专业知识与技能的要求。忽视财务会计知识的积累，是导致很多业务人员转财务失败的重要原因之一。

财务会计知识中的账务知识是财务 BP 的必备知识，华为财务 BP 申请相应的 5 级（对应财务专家的任职资格级别）以上专业任职资格认证，必须先通过账务知识的考试或认证。没有账务工作经验或没有完成账务经验认证的人员，无法获得专家任职资格，也不能任命为 CFO（账务经验是华为 CFO 的必备经验之一）。

中国总会计师管理会计能力框架也明确了管理会计开展工作所依托的信息主要来自财务会计，财务会计能力是管理会计的基础职业能力。

（2）专业能力

华为要求财务部门按照岗位的职责要求，沿着业务主流程，梳理相应岗位的能力要求。例如，客户财务岗位必须具备的能力包括对客户的洞察能力、与客户的沟通协调能力、商业模式的设计能力、交易的设计能力等。在各项能力下，还要进一步明确相应级别的能力要求。

专业知识不等于专业能力，掌握专业知识是对任职者的基本要求，但知识能否转化成实践能力，还要看任职者所在岗位输出的责任结果。任职者只有在专业知识考核通过后，才能进入专业能力的考核。华为考核"以结果为导向"，高分低能者很难通过相应资格的能力认证。

2. 通用能力

不同的岗位类别，通用能力需求是不一样的。财务 BP 的岗位特点是与业务相融合，与业务共同创造价值。我们都知道，融合的前提是理解，因此财务BP 应具备的首要能力就是理解业务，同时还要具备设计财务解决方案与构建良好经营环境的能力。

通用能力一，理解业务。正如前面所讲，财务"懂业务"要围绕一个核心（对财务报表、财务结果产生重要影响的业务活动），以及与业务用同一种语言进行对话。财务BP 必须有能力从全流程视角找到财务与业务之间的钩稽关系，掌握业务的运作规律，从而找到问题的关键点，推动业务改进和优化。

通用能力二，设计财务解决方案。财务 BP 在理解业务、掌握业务运作规律的基础上，需要有能力识别领域重大问题和风险，并从经营与风险管理视角设计财务综合解决方案，推动落实。

通用能力三，构建良好经营环境。构建良好经营环境是财务 BP 业财融合、价值贡献的基础。这里的经营环境不仅指内部环境，也包括外部环境。在企业内部，财务 BP 应构建与各层级（包括中高管理层）的对话、沟通能力；在企业外部，财务 BP 要能理解客户需求，具备客户关系维护及沟通能力，并与客户、供应商、银行、政府相关部门等保持良好的合作关系。

以下内容将重点说明财务 BP 应具备的沟通能力。

沟通能力本是员工的基本能力，但因传统财务工作的特点（严谨细致、埋头苦"算"），许多企业忽视了财务沟通能力的重要性，在财务人员招聘过程中，企业大多看中的是应聘者的财务技能与责任感，而未把沟通能力放在重要位置进行考察。

曾有在校的会计专业学生问我："会计为什么需要强调沟通能力？会计的主要素质要求应该是认真、仔细、负责、忠诚吧！"我回答："是的，传统的戴着老花镜的账房先生，其主要的价值取向就是责任心强、忠诚、把账算好。对于现代财务人员来说，这些品格和素质依然重要，但远远不够。"

数字化时代，基础的账务处理将由系统和 AI 自动完成，埋头苦"算"的时代已经过去了，核算的价值更多体现在会计规则的理解和场景化的应用上。会计规则是企业经营的"指挥棒"，对于会计规则的应用，财务人员不能仅照搬照抄。会计准则的适配需要大量的沟通，包括与业务高层的沟通。例如，华为在 IFRS15（国际财务报告准则第 15 号）变化调整时，项目小组成员就与各个相关业务部门的高层主管做了大量的沟通。也就是说，即使是账务核算工作，也需要沟通能力的支撑。

财务会计向财务 BP 转型，需要与业务结成合作伙伴，因此沟通能力非常重要。财务 BP "走出去"，与客户、供应商、银行、政府相关部门等建立合作关系，在日常沟通能力基础上，还需要进一步培养和锻炼自身较复杂场景（如谈判）下的沟通能力。

华为在财务 BP 转型初期，强调财务 BP 的两个重要能力转型，即 "懂业务" "善沟通"。"懂业务" 要在业务实践中锻炼；"善沟通" 除了刻意锻炼，与人的基本素质也有很大关系，所以，在财务 BP 人员招聘与选拔时，就需要考虑并明确岗位对财务 BP 能力需求的素质模型。

总之，构建良好的经营环境，促进财务 BP 转型，"善沟通" 是必要条件，"懂业务" 是突破的核心。

3. 专业回馈

在企业中，每个员工都需要在自己工作领域的能力建设上 "添砖加瓦"，贡献力量。专业回馈强调的是对组织的贡献，如担任新员工导师、担任讲师、输出教材 / 案例等。

华为很重视案例总结和传承，认为个人能力是 "打" 出来的，组织能力也是 "打" 出来的，而且问题的答案往往在一线现场，不在总部的办公室里，所以，"打完仗" 后，需要把经验和教训总结出来，让更多的人学习，以提升整个组织的能力。任正非很重视员工的经验总结，他曾打过一个比喻：每天在绳子上打一个结，一段时间后，绳子上便打了许多的结，许多打了结的绳子交织在一起，便形成了一张网。

以下是一位刚进华为公司的财务"小白"在短短五年内迅速成长为财务专家的真实案例。

2017年，我作为华为项目财务专委会成员，接到了一个项目财务的5级专家资格任职申请，阅读申请材料后，我感到颇为震惊。该申请人在2012年以应届毕业生的身份进入华为工作，也就是说，其从职场"小白"到申请专家资格认证，仅用了5年时间。在这位申请人答辩后，我总结她具有以下几个特点。

第一，具有很强的学习与沟通能力。例如，她到一个代表处后，发现有一笔金额很大的超长期应收账款，前几任财务人员都因为情况复杂而放弃，问题多年没有得到解决。她了解了问题的复杂性后，开始认真学习从销售、交付到应收账款回收管理的全流程，不懂的地方向人请教，先掌握"专业知识"。华为财务流程复杂，一些干了多年的财务人员也只是满足于对上下游环节的理解，能理解全流程的人不多。而该员工通过不断拓展知识领域，具备了全流程的知识基础和问题分析能力。

第二，具有很强的通用能力，能够把知识转化成能力，解决实际问题。对流程了解清楚之后，她找到与流程相关的各个环节，逐个把问题的来龙去脉弄清楚。她作为"黏合剂"，通过与内部各环节以及与客户反反复复的沟通，最终找到了超长期应收账款的根因，并组织相关人员把问题逐个解决掉。当所有问题都解决之后，流程就通了，该项目的超长期欠款问题便解决了。这期间碰到的困难和挫折，并没有让她知难而退，她凭着一股韧劲一步步推动问题解决，最终获得了较好的结果。

第三，善于对经历过的问题进行复盘，并总结成案例，分享给全公司的财务人员。短短几年时间，她输出的案例总结共有 20 多篇，其中五六个案例被评为 A 级（优秀）案例，其他案例也达到了 B 级（良好）。这么多的优秀案例输出，在华为财经员工中并不多见。

从"专业知识积累"到"能力呈现和绩效结果"，再到"经验传承"，这三步便是她短短 5 年时间从职场"小白"到财务专家的快速成长之路。

6.3　财务 BP 转型突破的核心——"懂业务"

当前企业的财务组织有两个比较明显的特征。

第一，人员构成以会计及相关专业"科班出身"为主。

第二，处于财务会计向管理会计转型的初、中级阶段，以会计核算、税务遵从、资金安全等职能为主。处于该阶段的财务人员，由于知识结构单一，未能参与到业务主流程的运作之中，因此不懂业务。这也是财务 BP 转型的主要短板和发展障碍之一。

任正非曾批评华为财务"最落后，落后到拖了业务的后腿"，其中批评比较多的便是财务不了解、不理解业务需求，更不了解业务运作规律。因此，任正非在多次讲话中提到财务要"懂业务"，并对财务提出了殷切的期望。他表示，CFO 不仅要能讲数据，还要能讲数据背后的故事。CFO 只有对数据进行深入分析，掌握业务运作的规律，提供业务运作优化方案，才能真正成为业务的助手。

以下内容为 2011 年任正非与华为体系员工座谈会纪要：

- "近几年来，公司不断要求财务人员了解业务、深入项目，是渴望财务人员不要成为简单的'簿记员'。财务人员要真正明白业务实质，且能正确参与经营管理。财务人员只有理解业务，才可能走上正确的成长道路，这不是对财务人员的排斥，而是十分中肯的期望。"
- "（财务）不了解业务，怎么能有效地服务和监督业务，满足业务的合理需求，提供有价值的财务服务？怎么能识别业务的合理性与真实性，提供有效监控，协助业务主管成长？优秀的 CFO，不仅要懂财务，也要懂业务，这两方面的要求是同时存在的。"

经过多年的磨炼，华为财务取得了很大进步，任正非在 2016 年就指出"我们的财务管理已达到行业领先水平"。财务发展到这个阶段，任正非对华为各级 CFO 及财务的担心，已不再是他 / 她们的财务专业水平，而是财务在拉通业务体系方面的能力，这方面还需要加强。所以，他对各级 CFO"懂业务"提出了更高的要求，他表示，代表处 CFO 的成长史如果基本上只是会计史，怎么能代表平台做好协调工作呢？

一旦企业认识到财务 BP 的重要性，就容不得我们慢条斯理地改进，财务需要快速提升"懂业务"的能力。

当然，组织、人才能力提升是一个永恒的话题，财务懂业务自然也是财务界的一个永恒话题。方惟一（华为集团前副 CFO，成功实现了个人从业务向财务转身）曾说过："我不知道什么是懂业务，只知道什么是不懂业务。"可见，懂业务就像懂科学一样，个人所见、所懂的只能是沧海之一粟。那么，在这沧海之中，如何补齐财务短板，快速构建财务懂业务的能力，有没有经验可供借鉴呢？下面一节将对此做出重点说明。

6.4　快速构建"懂业务"的财务组织能力

构建"懂业务"的财务组织能力，是一个组织、流程、人才多方面变革的系统工程。企业可通过组织、流程重构，为财务融入业务提供保障，只有融入业务，财务人员才有可能"懂业务"。对于业财融合的组织、流程设计，前面章节已做了大量介绍，此处重点分享华为推进财务"懂业务"的一些经验和方法。

懂业务就像懂科学一样，没有捷径，但有方法。

1. "懂业务" 从哪里开始

华为早期就意识到财务 "懂业务" 的重要性。我于 1997 年入职华为，当时华为正处于业务快速增长期，人力资源紧缺，业务主管都巴不得新员工第一天上班就能上岗干活，但即使在这种情况下，公司还是给了新员工长达 3 个月的培训期，其中一项培训内容是到生产线上 "拧螺丝"，为期至少半个月。我当时对此颇为不解，公司为什么要花这么多时间、付这么高的工资让这些本科生、硕士生甚至是博士生去 "拧螺丝"，让他们干生产工人的活呢？多年后我才想明白，那是公司在花代价培养每一位员工，通过生产线最基层的工作，让每一位员工都能了解产品、了解生产工序，也就是让每一位员工都能 "懂业务"。尤其是财务人员，当时的工作主要以账务核算为主，一旦正式上岗，坐在财务办公室里，就很难再有机会接触产品与生产工艺了。

任正非对财务懂业务尤为重视，在跟财务人员的座谈中，他经常会问财务人员类似 "电信盒子是圆的还是方的" 之类的问题，可见其对财务人员个人成长的良苦用心。

后来，由于机器替代，产品线实现了自动化生产，再进入华为的新员工便失去了到生产线上 "拧螺丝" 的机会，但华为对财务 "懂业务" 的要求一直持续了下去，只不过换了一种方式——到站点学习 "装机"。因此，一批一批的新员工，包括从出生到大学毕业一直被家庭呵护的 "天之骄子" 们，都被安排到站点跟施工师傅学习 "装机"。这些人常常顶着烈日，在山上、在田野里铺电缆、扛机柜，这对他们来说是一场磨炼，当他们脱下工服，回到本职岗位后，都备感充实，并兴奋地表示 "学到了很多业务知识"。

不管是 "拧螺丝" 还是 "装机"，都有一个共同的特点，均属于一线最基层的业务。底层的含义是，让新员工从一线、从最基层开始学习和了解公司业务，只有到一线"战壕"里摸爬滚打过的人，才能真正明白"战壕"该怎么挖，"枪炮"该怎么打。

2. "懂业务"的进阶篇

如果把"拧螺丝""装机"视为新员工懂业务的入门篇，那么懂业务的进阶篇是什么呢？华为讲得最多的是项目。

项目是华为运营商业务的最小作战单元，华为会根据项目规模的大小（从人民币几百万元到几百亿元）配置项目财务，但即使小项目也是"麻雀虽小，五脏俱全"。通常情况下，小项目配置一名项目财务，一名项目财务可以同时负责几个小项目；大项目则配置几名项目财务。因此，项目财务就相当于一个小公司的 CFO，可以"总揽全局"，比较全面地融入业务。

任正非是华为财务懂业务的主要推动者，他在诸多讲话中反反复复地强调财务要懂业务、懂项目管理：

- "我认为财务人员最重要的修炼和积累是项目管理，财务人员只有懂得项目管理，才有可能成长为全面管理者。"
- "PFC 要做好项目管理，就必须懂业务。应届毕业生来做 PFC，要和工程师下站点看装机，拿秒表测时间，算一下自己每秒的工资，然后看'快递哥'干要多少钱，这样不就测出来业务改进带来的收益了吗？PFC 第一步最该做的就是'滚一身泥巴'，真正理解业务。否则，PFC 就是'空军司令'，不接地气。"

> ● "项目财务是财务人员最好的实践基地。通过一个小型项目的全循环，就可以帮助其真正认识财务和业务，为转身各级 CFO 奠定基础。"

项目是华为财务 BP 的"主战场"，在对 CFO 的选拔和任命中，具有项目经验是必备条件，没有项目经验的人不可以任命为 CFO，由于历史原因已任命的没有项目经验的 CFO，都必须补上这一课。

需要说明的是，每个企业所处的行业特点是不一样的，未必都是以项目的方式运作，建议企业根据自身业务特点定义"最小作战单元"，让财务人员参与进去，在实践中成长。

为促进财务"懂业务"能力的快速提升，华为采取了以下几项措施，并取得了较好的效果。

（1）构建"混凝土"型的财务组织，通过"懂业务"的人带动"不懂业务"的财务人员进步，快速提升财务组织能力。

财务"混凝土"组织这一概念是任正非在 2011 年的 EMT 办公会上提出的，他认为财务部门要从公司内部抽一部分人进来，财务要加强"混凝土"组织建设，财务管理部应叫"混凝土部"，混凝土需要有沙子、水泥，再从外面找些石头掺进来，这三种东西混合在一起会更加坚固。

财务组织需要掺"沙子"形成"混凝土"，才能更加坚固。这些"沙子"要掺入有业务经验的人员，以及从外面引进的"明白人"。

构建"混凝土"财务组织，先从财务 BP 的典型岗位即项目财务和 CFO

开始执行。项目财务进入一线最前沿的"阵地"，融入业务最小经营单元；
CFO 则是与业务结合最紧密的财务综合性管理岗位，前者的工作经验也是后
者必备的。从以下任正非的讲话中，我们可以了解华为对项目财务"混编"团
队的组建要求：

- "我们要大力加强项目财务经理队伍建设，未来的项目财务建设
  是混编制的。我们要从具有三年以上工程、技术经验，熟悉业务
  的员工中抽出一部分人员，从财务体系中抽出对业务很熟悉的人
  员组建项目经理队伍，并迅速培训，派到一线。项目 CFO 也应
  该从这里产生。"
- "我们从各个业务部门抽调干部，加强财务组织的建设，是为了
  帮助财务组织更加密切、更加有效地深入业务，同时在思维方
  式、做事策略等方面，改变财务组织一直以来简单、固执，只会
  苦干不会巧干的做法。"

（2）构建财务"懂业务"能力模型，为财务"懂业务"提供工具和方法。

华为对财务人员提出了"五懂"（懂项目、懂合同、懂产品、懂会计、懂
绩效）的要求，目的是推动财务人员走出传统财务的"象牙塔"，融入业务，
在经营管理中发挥价值。后来，华为又要求财务人员从日常经营管理中更深
入地走向战略财务管理。因此，我认为可以将财务"五懂"模型进一步演化为
"六懂"模型，在此模型基础上，再根据具体的岗位类型做出进一步细化，以
引导相应岗位财务人员的进步。

业务如浩瀚的大海，财务"懂业务"需要聚焦及把握边界。有人认为懂得越多越好，但术业有专攻，人的精力有限，时间也有限。当然，这里说的边界是模糊的、发散的，并非像国境线那样一分为二、清清楚楚。此处引用边界一词，主要是建议财务人员"懂业务"要聚焦与财务密切相关的方向，而不是无限制地扩散，结果把自己变成了业务工程师，最后业务懂了，却忘了财务的核心。

下面分享一个案例，也是我的一段亲身经历：

　　某次华为产品线财务代表"大比武"，我和另一位来自业务的7级专家（当时华为在该业务领域的最高级别专家）做评委。业务专家自然是作为业务的代表，从业务视角把关，我则侧重于从财务视角看业务。其中有一位财务代表让我印象非常深刻。她打开第一页PPT材料，针对她所服务的产品讲了20分钟。因时间关系，业务专家打断她，开玩笑说："OK，不用讲了，你对业务太懂了，你讲的东西我都听不懂。"业务最高级别专家都听不懂，可以说该财务代表对业务很懂了。轮到我提问时，我说："我们先从简单的问题开始吧。请问，你认为产品线财务代表的职责是什么？"她回答："这个简单，主要是预算、预测。"听了这个回答，我的第一感觉是，这位财务代表懂业务但却不太懂财务，连自己的主要岗位职责都没有搞清楚。华为财务代表属于产品线核心岗位，怎么可能就做一些预算、预测工作呢？

（3）建立财务专业任职资格体系，牵引财务人才能力发展方向。

（关于财务专业任职资格的具体内容详见本章"6.2"部分，此处不再赘述。）

总之，推动财务"懂业务"及财务 BP 能力提升的方法有很多，可以说是"各有各的道"，以上仅仅是我个人经历过、见证过，认为较为有效的实战方法，财务人员也可以根据所在企业的业务特点，总结出更多适合本企业推动财务"懂业务"及财务 BP 能力提升的方法。

> **小贴士**
>
> 曾有学员问过我一个关于财务总监发展通道的问题，她说："作为子公司的财务总监，对于业务需要我支撑的财务工作，我都做得不错，在这个子公司，下一步我该怎么发展呢？"我给了她一个建议："你现在是财务总监，下一步可以试着往 CFO 的方向发展。CFO 做好了，再下一步还可以往 CEO 的方向发展。"任正非就曾提出未来的 CFO 要随时可以接替 CEO 的岗位。我们可以将 CEO 作为标杆，来牵引财务"懂业务"的方向。

6.5　打开"两扇门"，让财务 BP"走出去"

图 6-2 展示的是财务 BP 转型的不同阶段，也是我在财务 BP 转型培训课

程中常用到的素材，构想则来自我在华为 CFO 训战结业答辩的开篇内容。

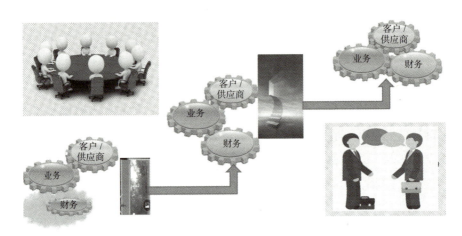

图 6-2　打开"两扇门"，让财务 BP "走出去"

很多财务人员对业财融合的解读是"与业务在一起，通过财务分析、提建议等方式支撑业务的发展"。我认为，这只能算是从财务会计向财务 BP 转型的起步阶段，该阶段主要在企业内部发挥价值。当前业界对财务 BP 的理解，很大程度上还只是局限于该阶段的财务转型。

许多企业都在学习华为"以客户为中心"的企业文化，但如果财务组织与客户离得远，一个远离"中心"目标（客户）的 CFO，怎么能成为优秀的"参谋长"呢。

在图 6-2 中，我用三个齿轮来比喻客户 / 供应商、业务、财务这三者之间的关系，用打开两扇门来比喻财务 BP/CFO 转型的两个阶段。其中，左下角的三个齿轮代表业界现状。客户关系一般由客户经理维护，产品、交付 / 维护经理负责客户层面解决方案的沟通工作，财务与客户的沟通往往局限于应收账款对账之类的基础工作，而客户界面涉及的财务解决方案相关问题，大多由客户经理传达给财务人员，由财务人员帮客户经理出谋划策、提建议。这种现象，我们可以形象地比喻为财务是躲在业务中的"影子"，离客户很远。

财务 BP 转型阶段一：打开第一扇门，财务从"象牙塔"中走出去，与业务融合形成合作伙伴。

在这个阶段，如图 6-2 中间图形所示，财务与业务两个齿轮咬合在一起，通过业务与客户 / 供应商的齿轮咬合而转动。

我在华为做 CFO 初期，曾有公司领导问我："你坐在计算机前的时间占工作时间的多少？"我说："大概 70% 吧！"领导说："CFO 坐在计算机前的时间怎么能占工作时间的 70%，那应该是会计。"大家千万不要认为财务会计换个名字就叫财务 BP，业财融合必须先打开财务办公室的门。

财务 BP 的办公场所在哪里？在会议室、在工厂、在田野、在山上（华为基站建在田野和山上）。战场在哪里，财务 BP 的办公室就在哪里，孟晚舟在2017 年新年致辞"却顾所来径，苍苍横翠微"中写道："打开作业边界，责任在哪里，我们就在哪里。"她还对某代表处项目财务的工作表示了认可：

> "S 代表处的项目财务，朴实无华，凭借着自己扎扎实实的付出，赢得了一线的认同，证明了自己的价值。他们顶着炎炎烈日深入沙漠站点120 公里，每月上站稽查修路情况，为项目减少 350 万美元的修路成本；他们驱车至 2 公里深的大峡谷，与站点工程师、分包商们一起实地考察站址，拿出'降低峡谷 10 个站点的交付成本'的可行方案；他们泡在站点，与当地村民慢慢协商、慢慢沟通，用村民临时接电替代油机费用，为项目的 31 个站点节省了 10 个月的油机费用 38.8 万美元。"

上述优秀的项目财务，他们的办公室在哪里？在烈日炎炎的沙漠里，在 2 公里深的大峡谷里。

财务 BP 转型阶段二：财务走上一个台阶，打开第二扇门，让"阳光"透进来。

财务应从企业内部走出去，与上下游产业链及社会相关公共部门建立良好的合作关系，从内部视角到外部视角全流程、全方位地对企业经营管理进行分析。

当年我从华为 CFO 训战班结业，即将奔赴海外"战场"做 CFO 时，我去向一位老领导（也是当时答辩小组的成员之一）告别，老领导送了我几个字：多见客户。财务人员要走出去，与客户、供应商、银行等打成一片，了解市场，建立对市场的感知，否则所谓的财务建议，大多只是纸上谈兵。图 6-2 右下角的那幅图，是未来财务 BP/CFO 的形象。CFO 不是坐在办公室里算账的会计，而是商务人士。

曾有培训班的学员问我，华为财务为什么有能力负责定价？财务对市场的竞争情况、对客户的情况不了解，如何定价？我举了个例子："有一次，我代表华为公司给某客户培训，当地代表处 CFO 也参与了，这位 CFO 跟客户分管财务的副总并肩坐在一起，整天下来气氛非常融洽。你觉得这个 CFO 能不了解客户的情况吗？"跟业务一起作战，与客户建立深入的沟通关系，如果能做到这一点，财务自然可以了解市场竞争情况和市场价格变化情况。

很多企业都把财务定位成"大管家"，偏向于账务及企业内部的经营管理。这些企业的 CFO 不深入接触客户，仅靠听汇报来获取信息。如果 CFO 获取的信息都是别人过滤过的二手信息，那么很难建立起对市场的敏感性，这也是业界大部分财务 BP/CFO 未能充分发挥价值的关键原因。

图 6-2 右上角是三个齿轮（客户 / 供应商、业务、财务）相互咬合，形成一个整体，驱动公司内部以及产业链上下游的运作，这是 CFO 从内部的业财融合再向前迈进了一步，与业务形成了"以客户为中心"的合作伙伴，财务在整个业务链条中发挥价值整合功能。

6.6　华为 CFO 人才选拔与训战

华为 IFS 变革除了流程变革转型，还涵盖财务 BP 组织转型，即"利用三年时间打造 CFO 组织"，通过构建 CFO 组织，促进业财融合，加强财务对业务的服务和支撑。

本书第 2 章已经介绍过 CFO 的职责定位，本章主要介绍从财务总监到 CFO 的人才能力转型与训战。

华为最初几批 CFO 训战，在人员选拔、引导员 / 讲师任用等方面都要求很高，讲师基本上由部门总裁、副总裁级别以上的领导及相应级别的专家担任，并由公司最高层级领导，如财务委员会主任等亲自主持结业答辩。

由于华为 CFO 训战班规格高，公司重视程度高，目标定位为培养未来的"将军"，因此我们参加训战的同学们将其戏称为"黄埔 N 期"。

华为 CFO 训战班为小班制（每期一般 20/21 人），人员构成有两个主要特色。

其一，被选拔的人员都是具有多年成功"作战"经验及一定级别以上的主管和专家。华为选拔干部以责任结果为导向，在未来 CFO 这种关键岗位的人才选拔方面，尤其注重被选拔对象近几年的成功经验，绩效结果是重要的考核指标。

其二，选拔的人员中只有大约一半来自财务部门，另一半则来自业务部门。这也让华为财务开启了财务组织"混凝土"结构的构建模式。

华为 CFO 训战主要分以下三个阶段。

第一阶段，企业文化的培训与研讨。CFO 不但专业技能要达标，还需要认同企业的文化和价值观，因此只有通过企业文化答辩的学员才能进入下一阶段的训战。

第二阶段，专业培训与研讨。该阶段主要学习和研讨从财务总监向 CFO 的转型。该阶段结束，学员需要进行结业答辩，答辩不通过的不能任命为 CFO。该答辩要求非常严格，平均通过率低于 50%，其中有一期仅 1/3 学员通过答辩。

第三阶段，上"战场"。华为注重实战，为避免纸上谈兵式以及缺乏一线实战经验的人被错用，不管参与训战的学员级别有多高，都要参与实战。所以，通过结业答辩的学员要先上"战场"，到一线去打"硬仗"，检验其实际的"作战指挥"能力和效果。只有在"战场"上经历过摸爬滚打，训战合格的人员，才能真正成为 CFO。

我们之所以戏称华为 CFO 训战班为"黄埔 N 期"，一方面，是出于一种荣誉和自豪感，将其视为督促自己不畏艰难、勇往直前的动力；另一方面，其训练方式与当年黄埔军校的训练方式有些类似，学员在实战中得到成长。

　　CFO 作为未来的"将军"，必须有严格的纪律性及共进退的团队意识。我记得当年华为 CFO 训战其中的一个环节就是组织学员参加军训。让我印象颇为深刻的是，教官对学员的要求极其严格，团队中只要有一人违规，团队成员必须全部做俯卧撑，记得我们曾经半天内做了 200 多个俯卧撑。平时缺乏锻炼的学员，胳膊酸疼了一两周。可见，华为 CFO 训战班的规格非常高，要求也颇为严格。

本章小结

一头狮子带领一群羊，其作战力可能会超过一只羊带领一群狮子。财务 BP 转型，选拔与培养领头的"狮子"至关重要。

> 💡 **拓展思考**
>
> （1）对照管理会计能力架构，分析你个人及所在财务组织的能力优势和短板，并进一步思考如何发挥优势、补足短板。
>
> （2）如何系统设置你所在公司的财务专业任职资格标准及应用方案？
>
> （3）作为公司财务负责人，你如何构建相关财务岗位"懂业务"模型，如何把握财务"懂业务"的核心与"边界"？

07

第 7 章

从述职看财务 BP 的工作规划

述职背后体现的是述职者对工作的总结和规划能力。本章介绍了财务 BP 如何跳出狭隘的会计视角，从经营视角对工作做出规划和总结，以及分析了述职报告的常见问题与注意事项。

7.1　学会述职，学会思考

许多人认为述职只是一种能说会道的"表面文章"，但实际并非如此，很多企业都对述职非常重视。微软公司原总经理吴士宏女士在其著作《逆风飞飏》中指出，一年两度，微软至少有 1 000 名经理要被"刮掉"两层皮。汇报得好坏攸关经理们在微软的职业发展，如果某位经理因汇报得不好而被"刮"得很惨，可能会在不久后被调岗或被贬职，愈是高层经理愈是紧张。因此，即使像微软这种注重实干、注重效率的科技公司，对述职也是非常重视的。

华为也是一家注重实干的公司，任正非对华为人的要求是"面向客户，背向领导"。华为曾一度汇报之风、"胶片"（PPT，华为内部称之为"胶片"）文化盛行，导致员工精力分散，工作不聚焦于客户。为扭转这种不正之风，华为甚至把诸如"600 字以内说清一个重大问题"列入干部"八大作风"，另外还做了一系列要求，例如，要求一般的业务汇报不允许写 PPT 材料，主管必须做到对"战场"情况心中有数，对经营情况如数家珍。

华为要求员工的年度述职材料也要去除花里胡哨的形式，述职 PPT 不超过 20 页。20 页内讲清楚过去一年的工作情况及下一年全年的工作规划，从形式上看化繁为简了，但实质上却非常考验述职者抓主要问题的能力。

华为对各级团队的年度工作述职非常重视，虽然很少看到各级主管单纯地因述职被调、被贬，但因述职被领导"狠批"的现象却很常见。

述职背后体现的是述职者对工作的总结和规划能力。做不好规划的人，也许不妨碍他（她）"单干"并取得一些成绩，但这类人是无法带领团队朝着正确的方向前行的。财务 BP 并非以核算、记录为主的传统财务人员，述职时应跳出狭隘的会计视角，从经营视角来对工作做出规划和总结，包括站在述职者本人、所服务组织的"司令官"、上级组织的财务主管等多方位视角看企业经营。财务 BP 述职的背后往往也体现了述职者对自身角色转型的认识和思考。因此，我认为，财务 BP 尤其是财务 BP 主管，需要"学会述职，学会思考"。

7.2 明确财务 BP 述职对象

什么叫述职？古时指诸侯向天子陈述职守、外任官员向朝廷陈述职守；今泛指个人向主管部门领导或有关人员报告履行职务的情况。那么，谁是财务 BP 的主管部门？也就是说，财务 BP 应该向谁述职呢？

1. 财务 BP 角色定位及述职对象

财务 BP 的汇报关系跟传统财务部门线条管理的单一汇报关系不一样。财务 BP 大致可以分为以下两类角色，这两类角色对应的述职对象是不同的。

第一类，作为财务代表，支撑相应组织的业务运作。

这类财务 BP 是一个特殊的角色，一般具有双重身份：一重身份是财务，另一重身份是 BP。典型的岗位如各级 CFO，包括区域 CFO、代表处 CFO、产品线 CFO、项目 CFO 等。

该岗位类型的财务 BP，因为具有双重身份，所以既需要以财务身份向上级 CFO 述职，也需要以 BP 身份向所支撑组织的"司令官"述职。例如，华为代表处 CFO，这个角色的主管领导有两个，一个是地区部 CFO，另一个是代表处代表；而项目 CFO 也有两个主管领导，一个是代表处 CFO，另一个是项目经理。所以，CFO 要对不同的主管领导述职，但鉴于主管领导的角色差异，述职的侧重点会有所不同。

第二类，作为财务专业模块岗位人员，支撑 CFO 的工作。

该岗位类型的财务 BP，如华为代表处预算管理、税务管理、资金管理等模块岗位的财务 BP，归所在组织的 CFO 管理，由上一层组织的专业部门对其进行专业指导。例如，华为地区部资金主管，地区部 CFO 是他 / 她的主管领导，由集团资金管理部（行管）对其进行专业指导。该角色需要向其主管领导（地区部 CFO）述职，是否需要向行管部门述职，由行管部门根据业务复杂程度等情况自行决定。

2. 述职重点

成功述职，至为关键的是"投其所好"。当然，此"投其所好"有别于阿谀奉承，专挑领导爱听的话说，这里的"所好"，是指听汇报之人所关心的问题。很多经验不足的述职人员常常犯一大忌，自己眉飞色舞地讲一大通，但听众们却低着头，昏昏欲睡，或者一直想打断他。原因在于，这些述职者讲的都是听众们不关心或者不感兴趣的事情，这种述职注定是失败的。

我们以华为代表处 CFO 述职为例。华为代表处 CFO 的两个主管领导是地区部 CFO 与代表处代表，他们对经营都非常关注，但关注点却不一样。这种情况下，CFO 述职就要"投其所好"，弄清楚两位主管领导关注的工作重点，如此才能达成共鸣。

（1）代表处代表关注的工作重点，大致有以下两方面。

- 代表处 KPI 完成情况及未来的经营规划。例如，该代表处哪些经营指标因完成得好而加分，哪些指标因完成得不好而导致 KPI 丢分。完成好的指标，如何保持优势；完成不好的指标，未来该如何改进。
- 财务对代表处经营改进的贡献。

（2）地区部 CFO 关注的重点，侧重于代表处对地区部经营结果的影响，以及财务组织的贡献和影响力。

一个地区部一般管理十来个（国家）代表处，因为管理跨度大，地区部 CFO 无法关注到下属每个子公司的分类指标情况。代表处的某些指标，是代表处 CFO 的关注重点，但未必是地区部 CFO 的关注重点。代表处 CFO 向地区部 CFO 述职，应该聚焦于两者都重点关注的指标及工作，这样才更容易引起共鸣。这些指标或重点工作有以下几个特点。

- 对地区部指标产生影响。
- 虽然对地区部当前经营指标尚未产生重大影响，但却是未来的重点突破及发展方向，对未来可能产生重大影响。
- 是所在代表处经营管理的短板和诉求，需要地区部的支持。地区部 CFO 除了关注地区部整体经营，还有一个重要职责，就是响应下属组织（代表处 CFO）的求助，指导和帮助代表处改进经营管理并解决问题。
- 反映了财务对代表处经营的贡献和组织影响力。

抓住经营管理重点，是成功述职的基础和前提。作为"参谋长"的 CFO，如果工作规划抓不住重点，"作战"时很可能会"胡乱指挥"。

下面是一个述职失败的案例，也是我亲身经历过的教训：

我刚担任华为某地区部 CFO 时，第一次代表所负责的地区部财务向集团财务管理团队述职就没通过。会后，上级领导针对我的述职给出了意见，领导认为我的述职存在一些问题，其中一个问题就是没有把地区部某国代表处的经营管理列为重要规划事项。我当时的考虑是，作为地区部财务主管，应该站在地区部整体经营视角向集团述职，我想当然地认为集团领导应该不关心公司在某个具体国家的经营规划。而且，领导提到的该代表处的业务量很小，不要说对集团，就是对我所在地区部短期经营指标的影响也是微乎其微，所以我就没有把该代表处的经营管理列为重要规划事项。殊不知，这个代表处所在的国家属于新兴市场，华为称之为"少数未开挖的金矿"。该新兴市场能否有突破，对公司未来影响重大。因此，战略很重要，无论是从集团层面，还是从地区部层面，都要把该国家市场列为重点拓展对象进行规划。

上述述职的失败，就是因为我当时没有考虑述职内容应具有"虽然对地区部当前经营指标尚未产生重大影响，但却是未来的重点突破及发展方向，对未来可能产生重大影响"这一特点。

述职的背后是对企业经营的总结和规划，CFO 作为"参谋长"，能否抓住经营的重点和痛点，应该是企业考察中高层管理者的重要标准之一。

小贴士

实务中，一些财务 BP 在述职时一味地"投领导所好"，他们忽视了周边关联部门的合作需求，结果被关联部门一顿"炮轰"。我们所讲的"投其所好"的"其"，是指述职的主要听众，而听众不仅包括述职者的主管领导，也包括关联部门的与会代表等。"投其所好"要关注述职主要听众的需求，但也不能人云亦云，迷失自我。

7.3　述职会议应参与的人员

述职会议需要哪些人员参与，实务中具有以下两类观点。

第一类观点：最小化原则，尽量控制与会人员。

理由之一，保障信息安全，避免信息泄露。

理由之二，不要把太多的资源浪费在会议上。

第二类观点，参与的人员越多越好。

持这类观点的人，他们的理由是参与述职会议的人员越多，对信息的理解和转化速度越快，而不需要依赖主管层层往下传递。这让我想到了一个理论，即"突破深井"。关于如何"突破深井"，斯坦利·麦克里斯特尔（Stanley McChrystal，美国陆军四星上将）在《赋能》（*TEAM OF TEAMS*）一书中有几段精彩的论述，其中一段写道：

> 随着时间的推移，人们开始认识到体系思维的价值。作战情报简报会议的参与者增加了，会议上交流的信息和各方的互动也有了质量上的提升。最终，几乎每天都会有 7 000 多人花最多两个小时参加会议。对于某些管理学家来说，这似乎是对效率的极大损害，但在作战情报简报会议上所要分享的信息是如此丰富，其与实战间的关系又是如此密切，因此没有一个人愿意错过它。作战情报简报会议成了我最好的管理工具。

关于大家对信息泄露的顾虑问题，斯坦利认为和泄漏一些信息相比，作战上的失败损伤会更大，那才是要命的事。各种作战情报的整合是会议的精髓，可以使作战效率大幅提升。

以上两类观点，各有各的理由，需要由管理者根据企业情况及述职内容综合做出判断。但我认为，除了述职者的主管领导，至少关联部门的主管或代表，以及述职者的直接下属都应该参加。前者有助于与周边部门的信息互通，后者有助于述职信息的快速传达，以及整个组织对工作规划、目标的一致理解和后续的目标分解。

7.4　CFO 述职的视角转换

财务 BP 转型初期，代表处 CFO 述职普遍存在一个问题，就是代表处 CFO 会习惯性地站在财务部门的视角看问题，角色认知尚未转换过来。华为代表处 CFO 的定位是"代表处领导"，而不只是"代表处财务部门领导"。由于角色定位转换，华为代表处 CFO 对问题思考的视角和高度也需要随之转变。例如，对于应收账款管理，作为财务部门领导，代表处 CFO 在述职时可能会重点讲，如通过财务人员的努力挽回了多少坏账损失、收回了多少长期欠款，侧重于财务部门的贡献或不足。但作为"代表处领导"，代表处 CFO 思考问题的层面就不应局限于财务部门，而应基于公司整体的经营管理来考虑，如应收账款目标是否达成，以及未来如何进一步管理应收账款并进行改进等，因为目标达成、管理改进是业务全流程端到端系统化的改进，财务只是流程中的一个环节。因此，CFO 需要统管全局，跳出财务部门"分段割裂"的工作局限，对所在责任中心的经营管理结果负责。

我曾给某集团公司做财务 BP 转型培训，培训结束后，组织者安排子公司优秀财务总监分享成功经验，并请我做点评。由于参会人员都是该集团优秀的财务总监，因此分享的经验自然有独到之处，我在对他们的分享表示肯定的同时，也提出了一点建议。大部分财务总监的分享，都是针对某个具体财务问题的解决，而没有从所在子公司整体经营视角进行分析，没有提到后期应如何做出系统性的改进。例如，该集团有家子公司的经营业绩完成得不好，近几年也没有大的改进，但该子公司财务总监作为子公司的最高财务主管，在分享时只讲了其如何通过努力解决了某个税务方面的问题，而没有思考所在子公司的经营痛点在哪里、应该如何改进，以及财务在经营管理中应该如何使力？

华为各级责任中心 CEO（司令官）及 CFO（参谋长）述职，一般会从经营目标切入，以体现出"以结果为导向"的企业文化。

以下以华为代表处 CFO 为例，总结 CFO 述职的重点内容。

华为代表处 CFO 述职，会重点围绕代表处总体经营完成情况及未来规划而展开，大致可以归纳为以下几点。

1. 对上年经营完成情况进行总结和评价

华为要求述职人员必须聚焦工作中的主要矛盾，为落实这一要求，公司规定述职报告（PPT）一般不得超过 20 页。上年完成情况一般需要在一页 PPT 中展现，这很考验述职者的归纳总结能力。

述职一般从经营 KPI 完成情况入手，分析、提炼经营的主要亮点和不足。华为各级主管述职，对于亮点几乎一带而过，这在很多公司可能会被认为是不可思议的事情。在华为，各级主管述职不邀功，重点谈不足，通过不足引出后面对经营的改进计划。

不谈亮点，有人感觉这是逆人性的，华为管理者是如何做到的？华为文化倡导"自我批评"，而且经过长期的践行，已经深深地刻入各级主管的大脑中。任正非在他的讲话中，经常提到"自我批评"几个字。"自我批评"是华为对各级主管的品德要求之一。他曾表示，"一把手"过不了自我批评这一关，公司原则上不再任用；如果不知道自己错在哪里，就永远不会成为将军；将军是不断从错误中总结，从自我批评中成长起来的……

因此，各级 CFO 及相关财务 BP 述职，可以概括出一条主线，沿着经营痛点展开。

2. 预算与经营目标

预算是经营管理、业财融合的重要抓手，作为管理人员，CFO 的关注点不能局限于财务的"一亩三分地"，只关心财务部门的预算，而应聚焦于企业全面预算，即企业整体的投入及资源输出的协调上。

由于 CFO 需要围绕企业整体经营展开年度总结与规划，将预算作为抓手切入代表处的经营管理，因此其年度述职的规划部分，一般会以预算为起点，围绕预算与经营目标的确定、落实而展开。

在华为，不仅 CFO，各责任中心 CEO 的述职，年度规划部分也基本上是从预算开始的。

华为曾有一位产品领域总经理的述职是这样的：

　　述职材料的第一页内容是年度经营总结，该页内容一般，他用一分钟一带而过（在年度述职时，大家对上年的完成情况已经很清楚了）；第二页是年度预算，当他翻开这页材料时领导们都黑沉着脸，这位总经理也感到了压力，于是拼命解释诸如为什么增长指标要下调之类的问题，强调困难和原因。几分钟后，领导就开始发话，说："如果总经理只看得到困难，看不到机会，对困难束手无策，那这个总经理存在的价值是什么？"

　　这位总经理述职不到五分钟，结论是"不通过，后续再安排一次述职"。会议结束后，该总经理第一件事就是赶紧召集相关人员讨论年度预算的调整及执行计划。

CFO 作为 CEO 的经营管理助手，述职也一样，如果预算"不通过"，很可能会导致整个述职失败。

述职只是一种形式，背后是作为 CFO 对年度经营的目标诉求和规划。预算与业务规划相融合，是业务规划及经营诉求的综合体现，在预算目标无法达成共识的情况下，讨论如何落实预算的意义也就不大了。

3. 风险识别及解决方案

作为公司 CFO，要一手"抓经营"，一手"控风险"，两手都要硬。预算既是业务规划的结果，也是对业务规划的牵引。预算是以一系列关键假设为前提的，其中一个颇为重要的假设便是对风险的假设。例如，某风险是否会发生，风险程度如何，可能会对子公司的资源配置、经营结果产生哪些重大影响，继而影响预算的控制和目标的达成。因此，有经验的 CFO 要善于组织识别和管理风险，并在述职时把风险解决方案向主管及相关部门汇报清楚，以引起组织的重视。

4. 达成经营目标的措施

CFO 要跳出财务部门视角，经营目标的达成绝不是某个单一部门可以大包大揽的，而是需要根据 CFO 的职责定位，厘清工作重点和边界。

华为对财务 BP 的角色定位，是从传统财务的监督者、评价者转型为业务过程的参与者与合作伙伴。作为财务 BP 的领导，CFO 必须进一步转型为经营管理的"组织者"，对经营结果负责。基于该职责定位，CFO 需要从代表处整体经营管理及财务部门参与经营两个视角进行年度总结和规划。但我发现，实务中许多企业财务主管的述职，重点侧重于后者（财务部门参与经营）而忽视了对前者（整体经营管理）的思考和规划。

经营规划非常考验述职者对业务的深入了解和洞察能力，以及从千丝万缕、错综复杂的"线头"中理出关键问题、定位矛盾的能力。关于如何做经营规划，我总结了一套方法，供读者参考。

第一，看有没有"招"：针对经营痛点和目标诉求，制定经营管理方案。

第二，看如何"出招"：在整体经营管理方案的基础上，针对定位的关键问题制定具体的解决方案。

第三，心中一盘棋，"指哪打哪"。CFO 要像"参谋长"一样，制作具体的作战沙盘并明确计划，对整个战场的局势了然于胸。

第四，说明困难并求助（具体内容见以下标题"6. 说明困难并求助"）。

5. 组织成长

组织成长，即财务组织能力的提升。财务 BP 组织的归属在华为可以分为以下两个阶段。

阶段一，隶属财务体系，由财务部门垂直管理。在该阶段，代表处代表对财务组织的关注，主要聚焦于财务能力对业务的支撑是否到位，至于财务部门的预算、人员配置等，并不是其关注的重点，但向上级 CFO 述职时，必须讲清楚。

阶段二，矩阵管理。华为财务部门的预算既纳入财务体系预算，也纳入代表处预算，对代表处的经营结果产生影响。从代表处代表的视角来看，财务部门跟其他部门一样，部门预算、人员配置、薪酬奖金等也是其重点关注的内容，所以，财务部门的预算必须在两个主管领导（地区部 CFO 和代表处代表）之间达成一致意见。

6. 说明困难并求助

如前所述，财务 BP 既是经营的"参与者"，也是经营的"管理者"，具有"黏合剂"的作用，而经营问题的解决往往需要多部门整体协同，因此，经营规划中的"困难与求助"非常关键，一些平时很难协调的事项，往往可以通过述职得到解决。

代表处 CFO 向地区部 CFO 的求助，侧重于各财务行管部门（地区部财务专业模块，如预算、资金、税务等）对代表处的支持；向代表处代表的求助，侧重于代表处其他相关部门对财务及经营管理的支持与协同。

总之，述职大会既是向上级主管的汇报、沟通会，也是对重要问题和困难的求助会，绝非表面的"要嘴皮子"会议。

7.5　述职报告示例点评

当前很多企业管理人员的述职报告存在一些通病，如以下这位某集团分公司中层干部（生产技术副经理）的述职报告，这份述职报告中存在的问题值得我们思考与分析。

×× 集团 ×× 分公司中层干部述职报告示例

各位领导、同志们：

大家好！

本人担任 ×× 分公司生产技术副经理，现对本人在 20×× 年度中的各项工作进行总结，以更好地促进今后的工作。

一、政治方面及思想品德

在政治上，我坚持党的领导，严格遵守党的纪律，能够严于律己，遵守法律法规，并注重职业道德、个人品质的提高，以及学习中华优秀传统文化，树立正确的人生观、价值观。

点评：这些其实是套话，不管谁述职，在哪一年述职，都可以套用同样的表述。因此，这些话并不能为述职带来加分。

二、管理工作

1. 生产管理

本人主要负责分公司 ×× 产品的生产管理工作，本年度分公司较好地完成了各项生产任务及生产指标，先后承担并完成了 ×× 等工作任务，取得了良好的成绩；本年第一至第三季度产量较去年同期有大幅提高，并创造了月产量 × 吨的记录。

点评：述职要尽量用数据说话，即摆数据，讲事实。例如，①什么算是"较好地完成了各项生产任务及生产指标"？这里应有数据列举及相关说明。我曾见过某企业一个部门的各项指标接近满分（100 分），本该引以为荣，但其他部门的各项指标几乎都达到挑战值（120 分），比较起来，该部门的指标总分是垫底的。如此看来，该部门算是"较好地完成了各项生产任务及生产指标"吗？②产量提高多少算"大幅提高"？我也曾见过某企业的一个产品的生产规模增长了 30%，比其他产品的增长率都高，但年初给该产品定的增长目标是 40%，那么，该产品产量这 30% 的增长算大幅提高吗？

（1）在生产计划上，我带领团队制定了产前准备流程，从人、机、料、法、环等方面提前做好生产准备工作，能够预见性地发现问题、解决问题，有效提升了正式生产过程的效率及质量。

点评：①"预见性地发现问题"，这里应说明发现了什么问题？述职讲求言之有物；②"有效提升了正式生产过程的效率"，应具体说明提升了哪个效率指标？指标提升了多少？

（2）在生产组织上，我们采用建设工程项目管理模式，使生产计划更切合实际，资源调配更合理，从而提高了生产效率，保证了交货期；同时，我们制定了各项合理的生产管理方案及措施，如建立内部生产例会制，建立车间生产应急机制，将生产中的决策、比较、检查、反馈及改进环节形成闭环等。

点评： ①"使生产计划更切合实际"，这里应有比较，如在采用建设工程项目管理模式前，生产计划是否不切合实际？存在哪些问题？现在解决了哪些问题？同样，"资源调配更合理"，以前的资源调配存在哪些问题？现在解决了哪些问题？②"保证了交货期"，这里应说明交货期的满足率达到了多少？目标是多少？

（3）在过程控制中，实行全员参与，调整派工、进度检查机制，按看板管理模式，由班组记录、公布并反馈作业计划与工序进度、物料信息、质量信息及待处理事项等，改变了过去由调度员逐点统计、检查，效率低，班组被动受检、参与度低且积极性不高的局面，基本实现了动态管理，信息沟通顺畅、响应速度快，提高了处理问题的及时率。

点评： "调整派工、进度检查机制"，这里应说明是否带来了实际效率及效益的提升？提升了多少？

2. 技术质量管理

（略。这部分述职内容与以上"生产管理"部分的内容存在的问题类似。）

3. 绩效管理

（1）完善分配制度，将产量、计划完成率、质量及成本作为工资考核的主要组成部分。班组内部实行计件考核，班组长工资构成为：本班组产量工资占××%，其他班组平均产量工资占××%。通过完善分配制度，促使班长在做好本班生产工作的同时，加强与相关上下道工序班组间的协作，形成关联利益关系，共同完成任务。

（2）建立管理辅助人员工作评价机制，使各级管理辅助人员围绕协助、指导班组完成生产任务，服务一线开展工作。管理辅助人员的工作成果与分公司经营指标挂钩，接受班组的季度评价。

（3）推行人员复合化，对生产调度、现场技术员、工艺员职责进行整合，将这些岗位人员统一合并为现场生产技术管理员，通过岗位竞聘择优录用，从而提升相关人员的业务能力，促进分公司管理水平及办公效率的提升。

点评：绩效管理应该针对绩效目标所达成的结果展开。以上只讲了几条执行措施，但对于执行效果如何，未做出说明；对于预定绩效目标是否达成，也未做出说明。

4. 专业、业务学习

（1）在专业业务上积极钻研，主要学习企业管理、焊接工艺、数控加工、计算机软件设计及振动时效处理方面的知识，并能将学到的知识应用到实际工作中。

（2）参加了集团青年干部培训班的学习，其间较系统地学习了企业科学决策创新理论、企业文化建设及相关法律知识，使我对如何做好基层领导工作，以及在继续解放思想、创新思维、科学管理企业等方面有了更深的认识，提高了管理水平。

点评：这部分内容较为空洞。学习的目的是什么？是为了提升个人和组织的"作战"能力，不做"行动上的矮子"。学习，不在于学了什么，而在于通过学习改变了什么。例如，通过了公司内部或 ×× 权威机构能代表个人工作能力的资格认证，解决了实际工作中哪些重要问题等。

成为集团后备干部的一年来，我所做的工作，无论成功、失败，作为经验积累都是一种收获，在今后的工作中，我将针对自身存在的问题加以改进，努力提高自身业务水平，促进公司管理水平提升，为集团做出应有的贡献。

述职人：× ×

20×× 年 × 月 × 日

总体来说，以上述职报告存在四大问题，具体如下所述。

问题 1：整篇述职报告，以自我表彰为基调，对于工作中存在的问题只字未提。

建议： 述职应少提成绩，多讲问题及相关改进措施与目标。这也是华为的风格，华为人述职追求高效、务实、聚焦。当然，不同的企业，企业文化环境是不同的，大家应该根据所在企业及职位的具体情况进行述职。

问题 2：对于工作总结，缺少年度目标整体完成情况的说明。

建议： 工作总结应从年度整体目标及重要指标完成情况开始，并分析最大亮点、差距及原因。

问题 3：整篇报告给人感觉空洞无物。

建议： 述职尽量用数字说话，少用诸如"大幅提升"之类无法衡量的语言，以及缺乏针对性、重复引用的套话。

问题 4：未抓住述职重点，整篇报告只讲过去，没讲未来。

建议： 述职一般包括对过去一年的总结和下一年的规划，侧重点应该在后者。年度规划应包括年度预算、执行措施、相关困难与需要公司提供的帮助等。

虽然以上述职报告来自一位业务主管（生产技术副经理），但相关问题分析和建议对 CFO/ 财务 BP 及相关领域主管人员述职同样适用，大家可参考和借鉴。

本章小结

我受华为文化多年熏陶，自然崇尚实干，本章讲述职，并非有意推崇"耍嘴皮子"的表面功夫，而是我认为，不会述职的人难以成为优秀的企业管理者。正如本章所讲，述职背后体现的是述职者对工作的总结和规划能力。述职不只是沟通、汇报，更是承诺。企业应将述职者的"承诺"及相关领导、负责人的建议与要求以正式文档（如会议纪要）的形式记录下来，并在会后要求述职者确认。这些承诺可以通过 KPI、PBC（个人绩效承诺）计划等方式落实。

如果述职者是部门 / 组织的管理者，述职之后，还需要把工作规划及述职关键信息在部门中传递，并通过 PBC 等绩效管理工具，把目标和规划层层分解到相应的责任人。

💡 **拓展思考**

如果你是公司 / 责任中心的 CFO 或者相关岗位的财务 BP，你将如何规划你的述职报告？